Carole Gaskell

Der geniale 10-Minuten-
täglich-Leben-verändernde

Pocket-Lifecoach

☆ *Mögest du alle Tage deines Lebens leben.* ☆

Jonathan Swift

Carole Gaskell

Der geniale 10-Minuten-täglich Leben-verändernde

Pocket-Life-coach

Aus dem Englischen übersetzt von Susanne Lötscher

mvg Verlag

Die deutsche Bibliothek – CIP-Einheitsaufnahme

Gaskell, Carole:
Der geniale 10-Minuten-täglich-Leben-verändernde Pocket-Lifecoach / Carole Gaskell. Aus dem Engl. übers. von Susanne Lötscher. – Landsberg ; München : mvgVerl., 2002
Einheitssacht.: Your pocket life coach <dt.>
ISBN 3-478-08307-9

Titel der englischen Originalausgabe: „Your Pocket Life Coach"
Aus dem Englischen übersetzt von Susanne Lötscher.

Umschlaggestaltung: Atelier Seidel, Neuötting
Satz: abc.Mediaservice GmbH, Buchloe
Druck- und Bindearbeiten: Ebner & Spiegel, Ulm
Printed in Germany 08307/090201
ISBN 3-478-08307-9

Inhalt

☆ *Nur eine einzige Person kann Ihr Leben verändern – Sie.* ☆

Ruth Casey

Einführung

☆ ***Nehmen Sie sich täglich zehn Minuten, um Ihr Leben zu verändern*** ☆

Überblick

Bringen Sie privat und beruflich Ihr Potenzial bestmöglich zur Geltung? Wollen Sie neue Energie tanken, mehr aus Ihrer Zeit herausholen, Ihr Selbstvertrauen stärken, bessere Beziehungen aufbauen, Ihre Finanzen auf Vordermann bringen und sich inspiriert fühlen, ein vielfältiges, erfüllendes Leben zu genießen?

Die meisten von uns haben Träume, die sie gern in die Tat umsetzen würden, Dinge, die sie gern verändern oder anders machen möchten. Wir haben die besten Vorsätze, doch wir sind so beschäftigt und die Veränderungen erscheinen uns so groß und überwältigend, dass wir es nie schaffen, etwas dafür zu tun. Oft reden wir uns ein, wir hätten keine Zeit, keinen Platz, keine Unterstützung, keine Mittel, kein Geld oder nicht das erforderliche Wissen, um über das, was wir wollen, „nachzudenken“. Geschweige denn, unser Leben zu verändern.

Herzlichen Glückwunsch – die Tatsache, dass Sie dieses Buch gekauft haben, zeigt, dass Sie bereit sind, in Ihrem Leben etwas zu verändern. Jeder von uns kann in Sekundenbruchteilen mit diesem Prozess beginnen, indem er etwas anders macht, in einer neuen Weise handelt oder denkt. Sie können Ihr Leben Schritt für Schritt, in nur zehn Minuten täglich, verändern. Sie haben bereits einen perfekten Start hingelegt, also packen wir's an – Ihr neues Leben beginnt jetzt!

„Wenig und oft“ führt zum Erfolg

Als Lifecoach habe ich schon Tausende von Menschen auf dem Weg begleitet, ihr Leben und ihre Arbeit zu verändern. Ich helfe ihnen dabei, geistig aufgeschlossener zu werden für das, was möglich ist, und unterstütze sie bei den Schritten, die dazu führen, dass sie ihr wahres Potenzial ausschöpfen.

Wir sind alle fähig, Veränderungen in unserem Leben vorzunehmen. Das Geheimnis dabei ist, dass man Veränderungen in kleine Schritte – ja winzig kleine Schritte – zerlegen und täglich ein paar Minuten damit verbringen muss, zu handeln. „Wenig und oft" lautet eines der wichtigsten Geheimnisse für eine erfolgreiche Transformation.

☆ ***Das wahre Leben wird gelebt, wenn winzige Veränderungen stattfinden.*** ☆

Leo Tolstoi

Mundgerechte Häppchen

Damit der Veränderungsprozess in Ihrem Leben möglichst effektiv und mühelos ablaufen kann, wird jeder Schritt in leicht überschaubare „mundgerechte" Häppchen unterteilt, die Sie regelmäßig in Angriff nehmen können. Für jeden Test, jede Frage oder jede Aufgabe benötigen Sie etwa zehn Minuten. Wenn Sie sich schrittweise vorarbeiten, werden Sie sehen, dass die Dinge sich zusammenfügen und einen beachtlichen, positiven Einfluss auf Ihr Leben insgesamt haben. Transformation ist in erster Linie die schrittweise Veränderung und Verbesserung eines Zustands. Ob Ihre Veränderungen unmerklich oder einschneidend sind, liegt bei Ihnen – auch kleine Veränderungen können langfristig eine große Wirkung zeigen! Denken Sie daran: Sie können sogar einen Elefanten essen – aber nur häppchenweise!

Trainieren Sie regelmäßig Ihre „Lebens-Veränderungs-Muskeln"

Dieser Pocket-Lifecoach wurde eigens so gestaltet, dass Sie ihn bei sich tragen und regelmäßig benutzen können. Wie alle

Dinge im Leben ist regelmäßiges, konsequentes Handeln eine Voraussetzung dafür, dass Veränderungen stattfinden können. Betrachten Sie es als Training Ihrer „Lebens-Veränderungs-Muskeln“: Je öfter Sie handeln, desto leichter wird es, desto unaufhaltsamer machen Sie Fortschritte und desto schneller sehen Sie die Ergebnisse, die in Ihrem Leben Wurzeln schlagen wollen.

Integrieren Sie dieses Buch in den folgenden Wochen in Ihr tägliches Leben. Lassen Sie es zu Ihrem Erfolgspartner werden – es soll Sie anregen und herausfordern. Tragen Sie es im Alltag immer bei sich, halten Sie Ihre Gedanken, Ihre Visionen und Ziele auf den unbeschriebenen Seiten im hinteren Teil schriftlich fest, überprüfen Sie Ihre Fortschritte und lassen Sie sich von Ihrem Pocket-Lifecoach immer wieder daran erinnern, dass Sie es in der Hand haben, Ihr Leben zu verändern.

Gewöhnen Sie sich an Veränderung

Am besten nehmen Sie sich täglich einen kleinen Abschnitt vor. Auch wenn Sie sehr beschäftigt sind, nehmen Sie sich in Ihrem hektischen Leben täglich zehn Minuten Zeit für eine gute Sache. Gewöhnen Sie sich an, regelmäßig daran zu arbeiten – kleine, regelmäßige Angewohnheiten, die Sie in Ihren Alltag einplanen und die Sie auch einhalten können. Machen Sie sich Veränderung zur Angewohnheit und bauen Sie Ihre Erkenntnisse in jeden Moment Ihres Lebens ein. Sie wissen, dass Sie es mehr als wert sind!

Schneller Transformations-Test

Beantworten Sie die folgenden Fragen, indem Sie das entsprechende Kästchen ankreuzen. Werten Sie anschließend die Punkte wie folgt aus: 2 Punkte = ja/zutreffend, 1 Punkt = manchmal zutreffend, 0 Punkte = nein/unzutreffend

	ja	manchmal	nein
1. Bei mir sind Berufs- und Privatleben im Gleichgewicht.	❑	❑	❑
2. Ich habe genügend Zeit für Dinge, die ich tun will.	❑	❑	❑
3. Ich habe Gewohnheiten, die mich unterstützen und mir gut tun.	❑	❑	❑
4. In Bezug auf Geld bin ich entspannt und/oder verdiene das, was ich wert bin.	❑	❑	❑
5. Ich habe Freunde/Familie/Kollegen, die mich unterstützen.	❑	❑	❑
6. Ich habe eine positive Lebenseinstellung und bin zuversichtlich.	❑	❑	❑
7. Ich schlafe gut, ernähre mich ausgewogen und treibe so viel Sport, wie nötig ist.	❑	❑	❑
8. Ich blicke gespannt in die Zukunft und habe inspirierende Pläne.	❑	❑	❑
9. Ich habe mein Alltagsleben vereinfacht und habe genügend Raum für neue Möglichkeiten.	❑	❑	❑
10. Ich gehe völlig auf in den Dingen, die ich tun muss, um das Leben zu führen, das ich mir wünsche.	❑	❑	❑

0–10 Punkte

In einigen Bereichen Ihres Lebens sind Sie zuversichtlich, könnten in anderen aber entschieden besser werden. Sie sind bereit, sowohl persönlich als auch beruflich aus dem Lifecoach den größtmöglichen Nutzen zu ziehen. Dieses Buch hilft Ihnen dabei, die gewünschten Veränderungen umzusetzen, um Ihr Leben zu verbessern, Ihre Stärken einzusetzen, Ihre persönliche Vision zu klären und Ihr wahres Potenzial zu erschließen.

11–15 Punkte

Gut gemacht! Es sieht so aus, als verliefe Ihr Leben recht zufrieden stellend für Sie. Wahrscheinlich machen Ihnen aber gelegentlich Stolpersteine zu schaffen und Sie ahnen, dass Sie privat und beruflich viel mehr erreichen könnten. Dieses Buch wird Ihnen dabei helfen, den Weg zu ebnen, damit Sie effektiver werden und Privat- und Berufsleben ausgewogener miteinander vereinbaren können. Warten Sie nicht damit - Sie haben es schon fast geschafft!

16–20 Punkte
Herzlichen Glückwunsch! Es sieht so aus, als hätten Sie Ihr volles Potenzial schon fast erreicht. Vermutlich kennen Sie Ihre Vision und Ihre Ziele und haben auch schon einen Plan, wie Sie sie verwirklichen. Vielleicht regt Sie dieses Buch an, auch noch die letzten zehn oder 20 Prozent umzusetzen. Der Lifecoach könnte für Sie genau der Ansporn sein, der Ihnen auf den letzten Metern hilft.

Zehn Minuten täglich – Kapitel-Übersicht

Damit Sie sich in diesem Buch leichter zurechtfinden, ist es in zehn Kapitel untergliedert:

1 Starten Sie schwungvoll in die nächste Phase Ihres Lebens

Gestalten Sie Ihre Zukunft mit Hilfe von Vergangenheit und Gegenwart
Dieser erste Abschnitt stimmt Sie auf den Erfolg ein, indem er Ihnen hilft, Ihr Leben im Zusammenhang zu sehen und sich Ihre Leistungen bewusst zu machen. Sie werden aufgefordert, aus Fehlern zu lernen, und ermutigt, wertvolle Eigenschaften zu entwickeln, damit Ihr Leben die nächsthöhere Stufe erreicht.

2 Schaffen Sie sich eine lebhafte Vision und setzen Sie sich ernst gemeinte Ziele

Stellen Sie sich vor, was Sie wollen, loten Sie Möglichkeiten aus, werden Sie dann konkret

Hier werden Sie ermutigt, „groß“ zu denken. Wenn Sie eine dynamische Vision Ihrer Zukunft entwerfen, Zugang zu Ihren Träumen finden und klären, welche Ergebnisse Sie erzielen möchten, dann geht es „ans Eingemachte“: Sie werden ernst gemeinte Ziele und weiterführende Pläne entwickeln.

3 Legen Sie die richtigen Grundlagen

Kurbeln Sie Ihre Energie an und umgeben Sie sich mit den richtigen Leuten

In diesem Kapitel werden Sie eine solide Kraftzentrale aufbauen, von der aus die nächste Phase Ihres Lebens beginnt. Sie werden angeregt, gut auf sich zu achten, sich regelmäßige Gewohnheiten zu Eigen zu machen und ein zuverlässiges Hilfsnetzwerk aufzubauen.

4 Gönnen Sie Ihrem Leben einen Frühjahrsputz

Entrümpeln, vereinfachen und rationalisieren Sie, dem Erfolg zuliebe

Wenn Sie zur Tat schreiten, wird Ihnen dieses Kapitel die Kraft geben, einmal gründlich Frühjahrsputz und klar Schiff in Ihrem Leben zu machen. Sie werden es so rationalisieren, dass Sie mehr Energie, mehr Raum und mehr Klarheit gewinnen. Sie werden ermutigt werden, Nein zu sagen, wenn es notwendig ist, alle Themen aus der Vergangenheit aufzuarbeiten und alle Ablenkungen und Hindernisse beiseite zu räumen, die Sie auf dem Weg nach vorn möglicherweise behindern.

5 Stärken Sie Ihr Selbstvertrauen

Lernen Sie Ihre Stärken kennen und betrachten Sie Dinge mit Abstand

In diesem Kapitel werden Sie sich auf Ihre Stärken konzentrieren und erfahren, wie andere Sie wahrnehmen. Sie werden lernen, Druck abzulassen, indem Sie zurücktreten und Ihr Leben aus einer anderen Perspektive betrachten. Sie werden angeregt, mehr Dinge zu tun, die Ihnen Freude bereiten, und Ihre Schwächen zu delegieren, damit Sie sich noch intensiver mit Ihrem eigenen, besonderen Wesen verbinden.

6 Festigen Sie Ihre Beziehungen

Schaffen Sie dauerhafte erfreuliche Beziehungen zu sich und anderen

Hier geht es vor allem darum, Ihr Leben durch Ihre Beziehungen zu verbessern. Sie werden die Rollen und Eigenschaften der Menschen klären, die Sie in Ihrem Privat- und Berufsleben um sich haben wollen, und werden etwas tun, um Ihre Kommunikationsfähigkeit so zu verbessern, dass Sie sich die Kraft der Synergie in Ihrem Leben zunutze machen können.

7 Nehmen Sie Ihre Hindernisse in Angriff

Erkennen Sie Ihre Blockaden und unternehmen Sie etwas, um weiterzukommen

In diesem Kapitel werden Sie alle potenziellen Hindernisse auf Ihrem Weg auflisten und herausfinden, was Sie tun können, um sie zu überwinden. Sie werden ermutigt, sich Ihre Überzeugungen einzugestehen, die Sie einschränken und zurückhalten. Stattdessen können Sie bestärkende und positive Überzeugungen formulieren, die Sie weiterbringen. Wenn Sie irgendwelche Instrumente, Ressourcen, neue Fertigkeiten oder Fähigkeiten brauchen, die Ihnen die Veränderung erleichtern, werden Sie in diesem Kapitel anfangen, danach zu suchen, und Ihre Lücken schließen.

8 Suchen Sie sich einen Schwerpunkt und erreichen Sie mehr in weniger Zeit

Planen Sie voraus, klären Sie Ihre Prioritäten und bleiben Sie am Ball

Ein Grundstein bei der Veränderung Ihres Lebens ist es, vorauszuplanen und sich auf Ihre Prioritäten zu konzentrieren. Die Aufgaben in diesem Kapitel werden Sie in die Lage versetzen, Ihren Fokus zu schärfen und sich selbst so gut zu organisieren, dass Sie in weniger Zeit mehr erreichen.

9 Bringen Sie Ihre Finanzen auf Vordermann

Verstopfen Sie Kanäle, durch die Ihr Geld abfließt, und schaffen Sie sich solide finanzielle Grundlagen

In diesem Abschnitt werden Sie ermutigt, Verantwortung für Ihre Finanzen zu übernehmen, Schulden zu tilgen und Ihre emotionalen Geldblockaden zu erkennen. Sie werden Ihre finanzielle Situation konsolidieren und Wege finden, die Sie finanziell weiterbringen.

10 Handeln Sie, behalten Sie Ihren Schwung und bleiben Sie im Fluss

Überprüfen Sie regelmäßig Ihre Ziele und feiern Sie Ihre Erfolge

Abschließend werden Sie den ganzen Prozess zusammenbringen, indem Sie Ihre Aktionspläne in Ihr Alltagsleben integrieren und Ihre Ziele verwirklichen. Sie werden dazu angeregt, Ihre Bequemzonen aufzugeben, sich die Zufälle des Lebens zunutze zu machen, Ihre großen und kleinen Erfolge zu feiern und echten Schwung zu entwickeln, um Ihr Leben ständig weiter zu verändern!

Genießen Sie den Prozess

Es ist ein riesiger Unterschied, ob man eine Theorie nur versteht oder sie auch in die Praxis umsetzt. Sie brauchen zehn Minuten täglich, um die Aufgaben zu bewältigen, eine Frage zu beantworten und zu klären, wie Sie handeln können. Allerdings könnte es etwas länger dauern, einige Ihrer gewonnenen Einsichten in die Tat umzusetzen.

Der wahre Wert des Coaching liegt darin, dass es Sie anregt und bestärkt, zu handeln, damit Sie die Dinge tun, die Sie tun wollen. Und wenn Sie einmal die ersten Schritte gemacht haben, werden Sie – und Ihr Leben – allmählich in Schwung kommen. Es mag eine Zeit lang dauern, bis Sie alle Bausteine der Veränderung umgesetzt haben. Aber je mehr Schritte Sie machen, desto mehr werden Sie „im Fluss" sein und desto schneller werden Sie das Leben genießen können, das Sie sich wirklich wünschen.

☆ ***Das Beste an der Zukunft ist, dass sie uns immer einen Tag nach dem anderen serviert wird.*** ☆

Abraham Lincoln

So profitieren Sie am besten von den Übungen

Sie selbst sind der Gestalter Ihres Lebens – kein anderer. Je mehr Mühe Sie sich also bei den Tests und den Fragen geben, und je eher Sie im Anschluss an die Aufgaben zur Tat schreiten, desto bessere Ergebnisse werden Sie erzielen. Warum also nicht sofort beginnen? Es ist niemals zu früh – oder zu spät –, um Ihr Leben zu verändern!

Machen Sie sich mit dem Prozess vertraut

Bevor Sie sich im Einzelnen an die jeweiligen Schritte wagen, verschaffen Sie sich am besten einen Überblick, indem Sie die Kapitel überfliegen und sich mit dem Prozess vertraut machen. Sie können die Aufgaben der Reihe nach bearbeiten oder sich auf die Kapitel konzentrieren, die Sie am meisten ansprechen - entscheiden Sie, wie es für Sie optimal ist.

Da sich das Leben ständig in Zyklen verändert, werden Sie wichtige Abschnitte vielleicht mehrmals durchlesen. Der Prozess selbst liefert die Struktur für regelmäßige Rückblicke, die Sie jedes Jahr aufs Neue machen können, wenn Sie unterschiedliche Bereiche Ihres Lebens vervollkommnen.

Verpflichten Sie sich zur Rechenschaft

Kein Mensch ist eine Insel und einer der großen Vorteile des Lifecoaching ist die Synergie zwischen Coach und Klient. Man kann oft viel mehr erreichen, wenn man seine Ressourcen vereint und sich gegenseitig unterstützt - zwei Köpfe und zwei Herzen sind mehr als eins. Wenn Sie dies beherzigen, schlage ich vor, dass Sie sich bei der Arbeit mit diesem Buch von jemandem Unterstützung holen - vielleicht von einem Freund, einem Familienmitglied, Arbeitskollegen oder auch von einem Coach. Es wird für Sie von großem Vorteil sein, Ihre Gedanken und Einsichten mit einem anderen Menschen zu teilen.

Jeder Veränderungsprozess wird Sie an irgendeinem Punkt mit Gedanken oder Fragen konfrontieren, denen Sie vielleicht lieber aus dem Weg gehen möchten. Ihr Helfer könnte Ihnen bei diesen „Wachstumsschmerzen" zur Seite stehen. Und er wird Sie ständig daran erinnern, wer Sie sind und was Sie erreichen wollen.

Sie brauchen jemanden, der mit Ihnen durch dick und dünn geht, jemanden, auf dessen Hilfe Sie zählen können, der Sie an Ihre Verpflichtungen erinnert und Sie bei der Stange hält: *Ich werde ________________ gegenüber Rechenschaft ablegen.*

Gönnen Sie sich „Ruhezeiten", um einzelne Themen zu durchdenken

Wenn Sie an einer konkreten Aufgabe arbeiten, möchten Sie vielleicht kurz innehalten und nachdenken. Ich ermutige Sie ausdrücklich, das zu tun. Manchmal erhalten wir nämlich gerade in der Leere zwischen zwei Gedanken die wahren Einsichten und Antworten auf die Fragen unseres Lebens.

Dazu schlage ich Ihnen vor, dass Sie sich an einen stillen, inspirierenden Ort in Ihrem Zuhause zurückziehen. Legen Sie Ihre Lieblingsmusik auf, setzen Sie sich in Ihren Lieblingssessel, zünden Sie eine Kerze an, betrachten Sie Ihre Lieblingsaussicht. Tun Sie, was immer notwendig ist, damit Sie unbeschränkten Zugang zu Ihren Gedanken finden. Auch der Besuch eines Cafés oder eines Parks in der Nähe oder eine Fahrt mit dem Auto kann Ihre Fantasie beflügeln und Ihnen die Antworten bringen, nach denen Sie suchen. Denken Sie daran, dass Sie die Antworten in sich tragen – je gemütlicher Sie es sich also machen und je mehr Sie sich eins mit Ihrer Umgebung fühlen, desto schneller werden Sie sich öffnen, achtsamer werden und die Antworten zu sich einladen können.

Halten Sie Ihre Einsichten in einem Tagebuch oder Notizbuch fest

Bei der Arbeit mit dem Pocket-Lifecoach wollen Sie sich sicher Notizen machen oder die Antworten auf Ihre Fragen schriftlich festhalten. Verwenden Sie dazu die leeren Seiten hinten im Buch oder ein Tage- oder Notizbuch – eine gute Gelegenheit, sich vor Beginn des Prozesses noch ein schönes zu kaufen!

Festigen Sie Ihr Engagement

Wichtig, dass Sie Folgendes anerkennen: Ihre Ideen, Träume und Ziele haben zwar einen wertvollen Platz in Ihrem Leben, sind aber immer nur so gut wie Ihre aufrichtige Bereitschaft, sie zu verwirklichen. Sind Sie bereit, jetzt die Schritte zu unternehmen, die für die Umsetzung Ihrer Ideen in die Realität notwendig sind?

☆ **Wie groß ist Ihr Engagement, Ihr Leben zu verändern? Stufen Sie sich auf einer Skala von 1 bis 10 ein. 1 bedeutet „nicht groß" und 10 „sehr groß".**
1 2 3 4 5 6 7 8 9 10

☆ **Wie groß ist Ihr Engagement, die Übungen in diesem Buch aktiv mitzumachen? Auch hier bedeutet 1 wieder „nicht groß" und 10 „sehr groß".**
1 2 3 4 5 6 7 8 9 10

☆ **Was werden Sie tun, um Ihre Disziplin aufrechtzuerhalten, die für diesen Prozess notwendig ist?**

Jetzt sind Sie soweit, dass Sie loslegen und die nachstehende Vereinbarung unterschreiben können. Verändern Sie Ihr Leben! Genießen Sie es!

Carole Gaskell

☆ ***Hat sich der Mensch einmal geistig zu einer neuen Idee aufgeschwungen, wird er niemals wieder derselbe sein.*** ☆

Oliver Wendell Holmes

Meine Vereinbarung zur Veränderung meines Lebens

Ich ______________ verpflichte mich, mein Leben zu verändern. Mir ist klar, dass ich von diesem Prozess so viel profitieren werde, wie ich investiere, und dass es an mir liegt, aus jeder der Aufgaben meinen eigenen Nutzen zu ziehen.

Ich weiß, dass der Prozess große Willenskraft von mir erfordern wird. Ich bin bereit, mit Verhaltensänderungen zu experimentieren; Neues auszuprobieren; meine Überzeugungen und Wahrnehmungen neu zu überprüfen; mir größere Ziele zu setzen; Ursachen für Stress aus meinem Leben zu verbannen und ab sofort die Art, wie ich meine Zeit verbringe, neu zu gestalten. Ich erkläre mich bereit, die Aufgaben so gut ich kann durchzuführen und nach den Plänen, die ich schriftlich festhalte, zu handeln.

Ich verpflichte mich, der Veränderung meines Lebens _____ Stunden/Tage/Wochen zu widmen.

Ich werde ehrlich zu mir selbst sein, sollte es einmal hart auf hart kommen, und werde um Hilfe bitten, wenn ich merke, dass ich sie brauche. Vor allem aber will ich mich entspannen, mir Zeit nehmen und den Prozess genießen.

______________________ ______________________

Unterschrift Datum

☆ Solange man sich nicht verpflichtet hat, ist man zögerlich, macht unter Umständen einen Rückzieher und ist uneffektiv. Immer wenn man die Initiative ergreift und etwas entstehen lässt, gibt es eine einzige grundlegende Wahrheit, durch deren Unkenntnis bereits unzählige Ideen und großartige Pläne zunichte gemacht wurden. In dem Augenblick, in dem man sich endgültig verpflichtet, kommt auch die Vorsehung in Bewegung. Alles Mögliche geschieht, um etwas zu unterstützen, das möglicherweise niemals eingetreten wäre. Aus dieser Entscheidung entspringt ein ganzer Strom von Ereignissen, der alle unvorhergesehenen Vorfälle, Begegnungen und materiellen Beistand zu unseren Gunsten lenkt, wie es sich kein Mensch jemals hätte träumen lassen. ☆

W. N. Murray, *Die schottische Himalaja-Expedition*

☆ *Und es kam der Tag, da das Risiko, sich weiterhin in einer Knospe zu verschließen, schmerzhafter war als das Risiko, zu erblühen.* ☆

Anaïs Nin

☆1 Starten Sie schwungvoll in die nächste **Phase Ihres Lebens**

☆ ***Gestalten Sie Ihre Zukunft mit Hilfe von Vergangenheit und Gegenwart*** ☆

Überblick

Wenn Sie bereit sind, das nächste Kapitel Ihres Lebens aufzuschlagen, sind Sie hier an der richtigen Stelle. Wahrscheinlich verspüren Sie eine Mischung aus Aufregung, Angst, Hoffnung, Erwartung - und viele andere Emotionen: Das ist ganz normal. Ich möchte Sie einfach dazu ermuntern, dass Sie den Lifecoaching-Prozess aufgeschlossen angehen, sich auf die Übungen einlassen und sich der Gedanken, Gefühle und Einsichten bewusst werden, die in Ihnen aufkommen werden.

In der derzeitigen Phase Ihres Lebens kann es durchaus sein, dass Sie schon einige unglaublich wertvolle Erfahrungen gemacht haben – positive wie negative. Egal wie Sie sie betrachten, sie liefern allesamt nützliche Hinweise auf Ihre Zukunft. Bitte denken Sie über diese Erfahrungen nach und setzen Sie sie zu Ihrem Vorteil ein, um schwungvoll in die nächste Phase Ihres Lebens zu starten.

Indem Sie die Zehn-Minuten-Aufgaben in diesem Kapitel durcharbeiten, bereiten Sie sich darauf vor, die nächsten Schritte mühelos in Angriff zu nehmen.

Dieses erste Kapitel wird Sie auf den Erfolg einstimmen:

- ☆ **Es hilft Ihnen, Ihr Leben im Zusammenhang zu sehen.**
- ☆ **Es erinnert Sie an Ihre bisherigen Leistungen.**
- ☆ **Es fordert Sie heraus, aus Ihren Enttäuschungen zu lernen.**
- ☆ **Es verleiht Ihnen die Kraft, aus Ihren Fehlern zu lernen.**
- ☆ **Es regt Sie an, nach verbesserungswürdigen Bereichen in Ihrem Leben zu suchen.**
- ☆ **Es ermutigt Sie, unschätzbar wertvolle Qualitäten in sich zu entwickeln, damit Sie Ihr Leben auf die nächsthöhere Stufe heben können.**

Schneller Transformations-Test

Beantworten Sie die folgenden Fragen, indem Sie das entsprechende Kästchen ankreuzen. Werten Sie anschließend die Punkte wie folgt aus: 2 Punkte = ja/zutreffend, 1 Punkt = manchmal zutreffend, 0 Punkte = nein/unzutreffend

	ja	manchmal	nein
1. Ich übernehme die volle Verantwortung für das, was mir im Leben zustößt.	❑	❑	❑
2. Ich weiß, dass ich immer eine Wahl habe.	❑	❑	❑
3. Ich stehe dem Leben positiv gegenüber.	❑	❑	❑
4. Andere können sich darauf verlassen, dass ich immer konsequent bin und mich an getroffene Vereinbarungen halte.	❑	❑	❑
5. Ich bin ehrlich und aufrichtig zu mir selbst.	❑	❑	❑
6. Ich bin mutig und besitze viel innere Stärke.	❑	❑	❑
7. Ich lasse mich zur Verantwortung ziehen und halte in 99 Prozent der Fälle mein Wort.	❑	❑	❑
8. Wenn nötig, kann ich einen Schritt zurücktreten und mein Leben in einem größeren Zusammenhang betrachten.	❑	❑	❑
9. Ich bin mir völlig bewusst, welche entscheidenden Dinge ich im Leben erreicht habe.	❑	❑	❑
10. Ich bin bereit, aus den Enttäuschungen in meinem Leben zu lernen.	❑	❑	❑

☆ ***Wahnsinn ist, immer wieder dasselbe zu tun und unterschiedliche Ergebnisse zu erwarten.*** ☆

Albert Einstein

1 Geleistetes

Wenn Sie einmal an die letzten paar Jahre zurückdenken – welches waren in dieser Zeit Ihre drei größten Leistungen? Wir sind oft so damit beschäftigt, nach vorn zu schauen und zu sehen, was als Nächstes in unserem Leben geschieht, dass wir vergessen, gerade unsere bereits erreichten Fortschritte wahrzunehmen. An dieser Stelle möchte ich, dass Sie Ihre Errungenschaften voll und ganz anerkennen, sie annehmen, sich bestärken und sich erlauben, aufgrund dessen weiterzuwachsen.

☆ **Errungenschaft 1**

☆ **Errungenschaft 2**

☆ **Errungenschaft 3**

Ihre bedeutungsvollsten Momente zu erkennen, ist ein erster wertvoller Schritt – sie als solche anzuerkennen, der nächste. Es ist wichtig, sich selbst anerkennend auf die Schulter zu klopfen, denn das bringt Sie in Kontakt mit Ihren Stärken und hilft Ihnen dabei, sich auf die positiven Dinge in Ihrem Leben zu konzentrieren und Ihre persönliche Energie anzukurbeln. Während Sie sich im Veränderungsprozess befinden, sollen Sie auf die Meilensteine am Weg achten. Sie sollen Ihre Lebensreise Schritt für Schritt zur Kenntnis nehmen und genießen. Je stetiger Sie dies tun, desto leichter wird es Ihnen fallen, Schwung für die Dinge aufzubringen, die Sie in Ihrem Leben tun und entstehen lassen wollen.

☆2 Ihre Herausforderungen und Enttäuschungen

Ein wesentlicher Punkt bei der Selbstbewertung und beim Verständnis Ihres wahren Wesens ist es, sich mit dem zu verbinden, was Sie bereits über sich wissen. Unsere Herausforderungen, Fehler und Enttäuschungen sagen auch eine Menge über unsere Funktionsweise und unser Selbstverständnis aus. Bitte schreiben Sie in den nächsten zehn Minuten Ihre Antworten auf folgende Fragen auf:

☆ **Welches waren in den letzten Jahren Ihre größten Anliegen oder Herausforderungen, und wie haben Sie sie gemeistert?**

☆ **Welches waren in den letzten Jahren Ihre größten Enttäuschungen und warum?**

☆3 Ihre drei wichtigsten Lektionen

Lassen Sie Ihre Erfahrungen Revue passieren. Was haben Sie daraus gelernt? Warum haben diese Ereignisse Ihrer Meinung nach stattgefunden? Was wollten sie Ihnen vermitteln? Wenn Sie noch einmal die Zeit dazu hätten, was würden Sie diesmal anders machen?

Jeder von uns kennt sich mit dem eigenen Leben am besten aus, und wenn wir uns Zeit nehmen nachzudenken, können wir Zugang zu unserer eigenen Weisheit finden, die uns weiterbringt. Nehmen Sie sich zehn Minuten Zeit, um sich an die drei wertvollsten Ratschläge zu erinnern, die Sie sich selbst geben können und die Sie in die Lage versetzen, aus Ihrer neuen Lebensphase das Beste herauszuholen.

☆ **Die drei wertvollsten Ratschläge, die für das Jahr, das vor mir liegt, am meisten bedeuten, sind: ____________________**

☆ **Was sind Ihrer Meinung nach die drei Lektionen, die Sie aus Ihren vollbrachten Leistungen und/oder Enttäuschungen gelernt haben und die den größten Einfluss auf Sie hätten, wenn Sie sie in Ihre nächste Lebensphase mit einbeziehen würden?**

☆ ***Lerne, mit der Stille in dir in Kontakt zu kommen, und wisse, dass alles im Leben seinen Sinn hat. Es gibt keine Fehler, keine Zufälle. Alle Ereignisse sind ein Segen, der uns zuteil wird und aus dem wir etwas lernen sollen.*** ☆

Elisabeth Kübler-Ross

Schnell-Tipp

Finden Sie zu einer positiven Haltung

Versuchen Sie, das Leben positiv zu betrachten und zu einer „Ich-kann“-Haltung zu finden. Denken Sie daran: Sie sind für Ihre Einstellungen verantwortlich. Es ist Ihre Entscheidung, ob das Glas halb voll oder halb leer ist. Entscheiden Sie sich, einen guten Tag zu verbringen und proaktiv zu sein. Positive Haltung ist ansteckend, also verbreiten Sie welche um sich herum und sehen Sie, wie Sie ganz automatisch vorwärts und nach oben getrieben werden.

Handeln Sie bewusst

Statt die ganze Zeit auf äußere Anforderungen anderer Menschen zu reagieren oder sich Ihre Handlungen von den Umständen diktieren zu lassen, entscheiden Sie sich, aus Ihrer eigenen ruhenden Mitte heraus zu handeln. Wenn Sie bewusst handeln, spricht ein Wissen tief in Ihnen, wo Sie zentriert und im Einklang mit sich und Ihren Bedürfnissen sind. Sie erreichen das, indem Sie jede Ihrer Handlungen genauestens beobachten, sich jeden Augenblick Ihre Gedanken und Reaktionen bewusst machen und entsprechend Ihrer inneren Weisheit handeln. Probieren Sie das die nächste Woche einmal aus – Sie werden verblüfft sein, um wie viel effektiver Sie werden und wie sehr Sie Ihr Selbstvertrauen dadurch stärken.

4 Fortschritte im laufenden Jahr

Lassen Sie das letzte Jahr Revue passieren. Da hat es sicher ein paar großartige Leistungen, vielleicht auch ein paar Enttäuschungen gegeben – und ganz sicher auch eine besondere Herausforderung. Wohin haben diese Erfahrungen Sie gebracht? Wenn Sie auf Ihr Leben zurückblicken, gibt es da irgendetwas, wozu Sie jetzt in der Lage sind und das Ihnen letztes Jahr noch völlig unerreichbar schien?

☆ **Schreiben Sie drei Erlebnisse aus Ihrem Privat- und Berufsleben auf, die Ihre Fortschritte im vergangenen Jahr veranschaulichen.**
Das kann alles sein – angefangen beim Autofahren lernen bis hin zu einem Vortrag, den Sie ohne Lampenfieber gehalten haben.

5 Einflussreiche Menschen

Unsere Mitmenschen können eine tief greifende Wirkung auf unsere Sicht vom Leben haben, vor allem die Menschen, die uns – privat oder beruflich – beeinflussen und inspirieren. Nehmen Sie sich jetzt zehn Minuten Zeit, um darüber nachzudenken, welche Menschen im vergangenen Jahr a) in Ihrem Privatleben und b) in Ihrem Berufsleben am einflussreichsten für Sie waren. Was genau löste diesen Einfluss auf Ihr Leben aus? Verfügen diese Menschen über Eigenschaften, die Sie selbst gern hätten?

☆6 Vorbilder

Wir haben oft Vorbilder oder Helden – manchmal inspiriert uns ihr Image, das wir anstreben, oder die Art, wie sie mit anderen Leuten umgehen, wie sie kommunizieren, wie sie ihre Arbeit verrichten.

☆ **Von Vorbildern zu lernen, ist mitunter eine gute Möglichkeit, sich selbst zu entwickeln. Achten Sie auf Menschen, die Ihnen aus einem bestimmten Grund imponieren. Fragen Sie sich, warum das so ist und was Sie von dieser Person konkret lernen können. Vielleicht ist es hilfreich, wenn Sie Autobiografien berühmter Menschen lesen, sich Kassetten anhören, Seminare besuchen – tun Sie alles, was Ihnen weiterhilft und Sie inspiriert.**

☆ **Wer sind Ihre drei größten Helden oder Vorbilder (lebende oder verstorbene)? Was bewundern Sie am meisten an ihnen, und warum?**

☆ **Ich bewundere sie, weil:** ______________________________

☆ **Die Qualitäten, die ich gern entwickeln möchte, sind:**
____

☆ **Das erreiche ich, indem ich:** ___________________________

7 Das Rad des Lebens

Die acht Segmente des Lebensrades stellen ein ebenmäßiges Rad dar. Betrachten Sie die Mitte oder Nabe des Rades als 0 (total unzufrieden) und die äußere Linie als 10 (vollkommen zufrieden). Ordnen Sie jedem Lebensbereich den Grad Ihrer Zufriedenheit zu, indem Sie ein Kreuz auf die entsprechende Speiche machen. Verbinden Sie dann die Kreuze mit einer Linie.

Wie ausgewogen sieht Ihr Rad aus? Mit welchen Lebensbereichen sind Sie derzeit zufrieden? Wo wollen Sie etwas verbessern? (Sie können zu diesem Rad zurückblättern, wenn Sie die Fragen in Kapitel zwei beantworten.)

Rad des Lebens

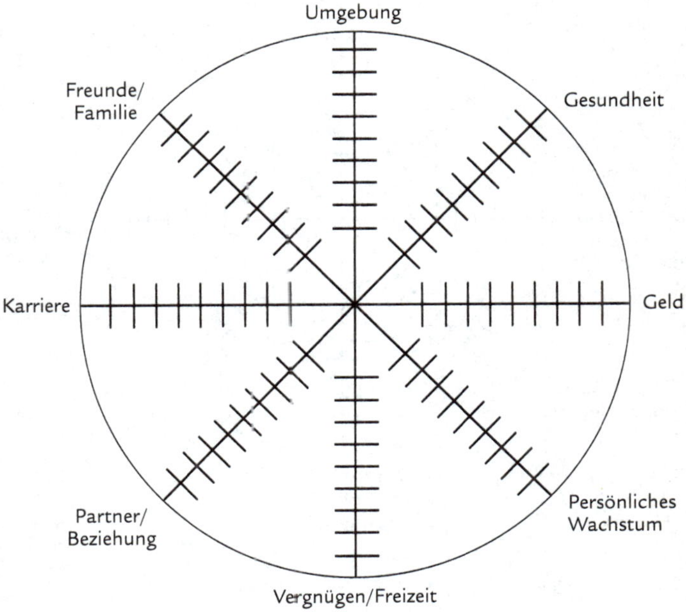

8 Das Rad des Erfolges

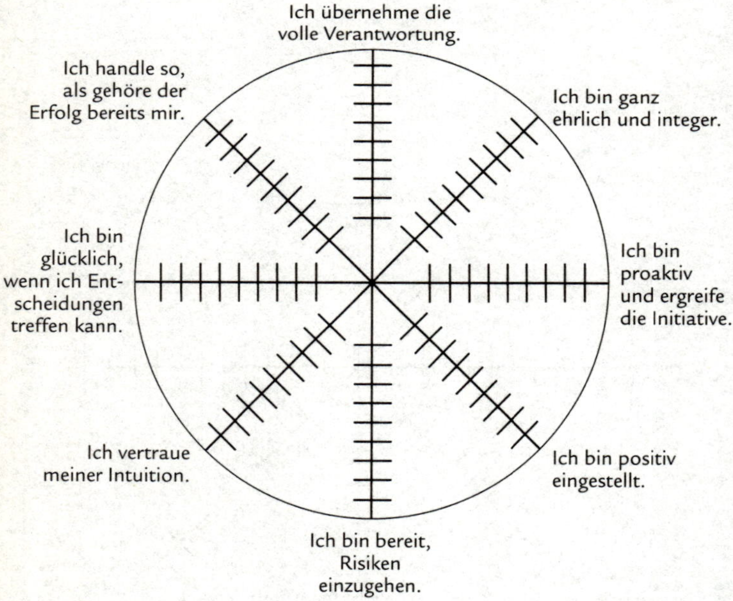

Das Rad des Erfolges ermutigt Sie, wertvolle Qualitäten in sich zu entwickeln, damit Sie Ihr Leben auf die nächsthöhere Stufe heben können.

Die acht Segmente stehen für wichtige Merkmale des Erfolgs. Betrachten Sie die Mitte beziehungsweise die Radnabe als 0 (trifft derzeit nicht für mich zu) und die Außenlinie als 10 (trifft vollkommen auf mich zu). Stufen Sie sich nun ein, indem Sie die betreffende Speiche mit einem Kreuz markieren. Verbinden Sie die Kreuze mit einer Linie.

☆ **Wie ausgewogen sieht der Umfang des Rades aus? An welchen Eigenschaften möchten Sie gern arbeiten? Was werden Sie tun, um diese Qualitäten in der neuen Phase Ihres Lebens einzubringen?**

Denken Sie daran: Wenn Sie sich Zeit nehmen, der Vergangenheit nachzuspüren und sich über die Gegenwart klar zu werden, wird Ihnen das neue Energie für die nächste Phase geben, die vor Ihnen liegt. Reflektieren Sie über Ereignisse und Menschen, die Sie geprägt haben, und machen Sie sich ehrlich Gedanken über sich selbst und Ihr momentanes Leben. Dann werden Sie klarer sehen, wohin Sie gehen möchten, und viel besser in ein fantastisches neues Jahr starten!

9 Ihr Leben im Zusammenhang sehen

Im Vorbereitungsstadium für den Sprung in die nächste Phase Ihres Lebens wird Ihnen die folgende zehnminütige Übung erstaunlich helfen, Ihr Leben aus einem neuen Blickwinkel zu betrachten. Stellen Sie sich vor, es ist Ihr achtzigster Geburtstag. Sie feiern ihn mit der Familie und Freunden. Nehmen Sie sich Zeit, Ihr Leben als Achtzigjährige/r Revue passieren zu lassen. Was haben Sie in Ihrem Leben erreicht? Worauf sind Sie stolz? Was schätzen die Menschen an Ihnen? Welches sind die wichtigsten Ereignisse, die Sie feiern?

☆ ***Verändern Sie Ihre Gedanken, dann verändern Sie Ihre Welt.*** ☆

Norman Vincent Peale

☆2☆ Schaffen Sie sich eine lebendige Vision und **setzen Sie sich ernst gemeinte Ziele**

☆ ***Stellen Sie sich vor, was Sie wollen, loten Sie die Möglichkeiten aus, werden Sie dann konkret*** ☆

Übersicht

So, und jetzt fängt das Vergnügen an! Ihre Vision ist das wichtigste Bild des Lebens, das Sie anstreben. Visionen sind die inspirierendste Weise, einen Blick auf Ihre Zukunft zu werfen. Wenn Sie eine Vision haben, bekommen Sie die Gelegenheit, sich auf das zu konzentrieren, was Ihnen wirklich wichtig ist.

☆ ***Ihre Vision wird erst dann deutlich werden, wenn Sie in Ihr eigenes Herz blicken können. Wer nach draußen schaut, träumt; wer nach innen schaut, erwacht.*** ☆

C. G. Jung

Je „dynamischer" Sie Ihre Vision werden lassen, desto schneller werden Sie feststellen, dass sie lebendig wird. Es hängt ganz von Ihnen ab, wie Sie den Teppich Ihres Lebens weben und wie Ihre Veränderung aussehen wird. Ihre Vorhaben, Träume und Wünsche spiegeln Ihr ureigenes Wesen wider.

Die Zeit, die Sie mit der Ausführung der Aufgaben in diesem Kapitel verbringen, wird Ihnen eine wertvolle Hilfe dabei sein, Ihr Schicksal zu gestalten.

Wenn Sie dieses Kapitel abgeschlossen haben:

- ☆ **haben Sie eine lebendige Vision Ihrer Zukunft entworfen;**
- ☆ **haben Sie sich für Ihr Privat- und Berufsleben ernst gemeinte Ziele gesetzt;**
- ☆ **haben Sie Ihre Ziele innerhalb eines festgesetzten Zeitrahmens konkret, messbar und erreichbar gemacht und werden die Vorteile, den Schmerz und die Stärken verstehen, die mit jedem Ziel verknüpft sind;**
- ☆ **haben Sie angefangen, Ihre Ziele in kleine Schritte zu unterteilen;**

☆ **werden Sie darauf achten, dass Sie Ihre Ziele vorantreiben, und täglich etwas dafür tun.**

Schneller Transformations-Test

Beantworten Sie die folgenden Fragen, indem Sie das entsprechende Kästchen ankreuzen. Werten Sie anschließend die Punkte wie folgt aus: 2 Punkte = ja/zutreffend, 1 Punkt = manchmal zutreffend, 0 Punkte = nein/unzutreffend

	ja	**manchmal**	**nein**
1. Ich habe eine klare Vision davon, welches Leben und welche Arbeit ich mir schaffen will.	❑	❑	❑
2. Ich kann mir die Ziele, die ich in meinem Leben erreichen will, bildlich vorstellen.	❑	❑	❑
3. Ich bin bereit und in der Lage, über mich hinauszuwachsen und mich zu etwas zu verpflichten, das größer ist als ich.	❑	❑	❑
4. Ich erkenne an, dass sich das Leben in Zyklen bewegt, und habe ein klar umrissenes Thema für den Zyklus, in dem ich mich gerade befinde.	❑	❑	❑
5. Ich verbringe kostbare Zeit mit Schweigen/innerer Reflexion und/oder Meditation, um über mein Leben nachzudenken.	❑	❑	❑
6. Meine persönlichen und beruflichen Ziele sind mir ganz klar.	❑	❑	❑
7. Die Gründe, weshalb ich meine Ziele erreichen möchte, sind mir klar.	❑	❑	❑
8. Ich bin mir der Gedanken, Überzeugungen oder anderer Hindernisse, die mich vom Erreichen meiner Ziele abhalten, bewusst und unternehme etwas dagegen.	❑	❑	❑
9. Ich habe für jedes Ziel konkrete Handlungs- und Zeitpläne erstellt.	❑	❑	❑
10. Ich befasse mich regelmäßig mit meinen Zielen und unternehme progressive Schritte, um sie zu erreichen.	❑	❑	❑

1 Entwickeln Sie eine lebendige Vision Ihrer Zukunft

Es kann schwierig sein, mit Gewissheit in die Zukunft zu blicken. Vielleicht wissen Sie nicht, wie Ihr Leben in einem Jahr, geschweige denn in drei oder fünf Jahren aussehen wird. Doch je öfter Sie daran denken, wie Ihr Leben aussehen *soll*, desto größer ist Ihre Chance, einen Plan zu erarbeiten, der Ihnen zum Glück verhelfen wird. Viele Geschäftsleute kennen den Begriff „Vision" aus dem Arbeitsleben, aber überraschend wenige von uns wenden ihn auf das eigene Leben an. Ich möchte, dass Sie eine ganz klare Vision entwickeln, bevor Sie weitermachen.

Betrachten Sie Dinge mit Abstand

Mit einer eindrücklichen Vision können Sie Ihr übriges Leben in Zusammenhang bringen und den täglichen Druck und die kleinen Rückschläge nebensächlich erscheinen lassen.
Wenn Ihre Vision wirklich zwingend ist, merken Sie sogar, dass Sie mühelos nach vorn gezogen werden, statt Dinge nur unter großen Mühen zu bewerkstelligen. Sie können sich von Ihrer Vision sanft auf die Zukunft Ihrer Träume mitziehen lassen!

Entwickeln Sie Ihre Drei-Jahres-Vision

Ich möchte, dass Sie sich zunächst konkret auf die nächsten drei Jahre konzentrieren. Stellen Sie sich vor, Sie lesen dieses Buch in drei Jahren wieder. Lassen Sie den Blick über die letzten drei Jahre Ihres Lebens bis zum heutigen Zeitpunkt zurückschweifen.

☆ **Was sollte in den letzten drei Jahren in meinem Privat- und Berufsleben geschehen sein, damit ich glücklich und mit meinem Fortschritt zufrieden bin?**

☆ **Nehmen Sie sich ungefähr zehn Minuten Zeit, Ihre Gedanken zu der Frage, wie Sie sich Ihr Leben vorstellen, zu notieren. Schreiben Sie alles im Präsens auf und seien Sie so konkret wie möglich.**

☆ **Wie fühlen Sie sich? Wer sind Sie als Person? Beschreiben Sie, so gut es geht, was geschehen muss, damit Sie glücklich sind, weil Sie wissen, dass Sie Ihre Ziele erreicht haben.**

Meine Vision für mein Leben

Beschreiben Sie die folgenden Punkte so detailliert wie möglich:

☆ **Privatleben, Zuhause und Familie**
☆ **Arbeit/Geschäftsleben**
☆ **Gesundheit und Wohlbefinden**
☆ **Finanzen**
☆ **Beziehungen und Gemeinde**
☆ **Intellektuelles und/oder spirituelles Leben**
☆ **Alle anderen wichtigen Dinge**

Schnell-Tipp

„Weißer Raum“

Eine unglaublich hilfreiche Angewohnheit, aus der viele meiner Klienten großen Nutzen ziehen, ist, täglich 15 Minuten „weißen Raum“ zu erschaffen. Mit „weißer Raum“ meine ich eine Zeit völliger Stille, in der Sie einfach nichts tun, nur Ihren Geist zur Ruhe bringen und 15 Minuten lang still sind. Dazu können Sie sich einfach hinsetzen oder meditieren. Ganz gleich, was Sie tun – wenn Sie sich ein bisschen Stille gönnen, haben Sie die Möglichkeit, mit Ihrem inneren Selbst in Kontakt zu kommen. Sollten Sie die Aussicht auf 15 Minuten ein bisschen beängstigend finden, dann fangen Sie mit fünf Minuten an und erhöhen Sie die Zeitspanne schrittweise. Oder dehnen Sie sie aus, wenn sich das machen lässt! Sie werden überrascht sein, wie erfrischt und inspiriert Sie sich danach fühlen.

Einige Menschen tun dies als Erstes am Morgen und halten es für eine großartige Methode, den Tag zu beginnen; andere tun es lieber nach dem Mittagessen oder als Letztes vor dem Schlafengehen.

2 Fertigen Sie eine Schicksalskarte an

Vielleicht eine hilfreiche Art, Ihre Vision zu klären, ist das Anfertigen einer Schicksalskarte, das heißt einer bildlichen Darstellung dessen, was Sie sich im Leben wünschen. Ihre Vision in Form von Bildern und Symbolen greifbar zu machen, ist eine große Hilfe, um sie Wirklichkeit werden zu lassen. Als zeitlicher Rahmen für eine Schicksalskarte hat sich ein Zeitraum von ein bis drei Jahren bewährt.

Um Ihre eigene Schicksalskarte anzufertigen, besorgen Sie sich zuerst einen großen Pappkarton. Außerdem benötigen Sie dazu viele verschiedene Zeitschriften, Bilder, Stifte, Kleber, eine Schere und alles, was Sie sonst noch brauchen, um Ihr Wunsch-Leben bildlich darzustellen.

Blättern Sie die Zeitschriften durch und schneiden Sie alle Bilder oder Symbole aus, die die Dinge repräsentieren, die Sie in Ihrem Leben gern hätten – ein Haus auf dem Land, ein bestimmtes Auto, eine Familie, Bilder des Berufs, den Sie gern ausüben wollen, oder Hobbys, denen Sie nachgehen möchten. Kleben Sie die Bilder auf den Karton und machen Sie eine Collage Ihres neuen Lebens.

Wie viel Geld würden Sie gern verdienen? Einige Leute kleben Monopoly-Spielgeld oder Geldscheine auf oder stellen einen Scheck über die Summe Geld, die sie verdienen möchten, auf sich aus. Die Collage richtet ihr Augenmerk auf das, was sie schaffen möchten. Fertigen Sie also ein möglichst vollständiges, farbenfrohes Bild an. Überfrachten Sie das Bild nicht, es soll die wichtigsten Elemente enthalten, aber nicht überladen aussehen – es sei denn, Sie wollen, dass Ihr Leben überladen ist!

Das kann richtig Spaß machen, und je mehr Sie gedanklich bei der Sache sind und je mehr Energie Sie darauf verwenden, desto aussagefähiger wird Ihre Schicksalskarte. Sie können das Ganze auch einmal mit Freunden machen und diese ihre eigene Karte anfertigen lassen, während Sie an Ihrer arbeiten. Manche Leute fertigen eine Schicksalskarte gern als Teil ihrer Meditation an. Sie lassen die Gedanken kommen und finden dann die Bilder und Fotos, um ihre Collage zu gestalten.

Wenn Sie mit der Schicksalskarte fertig sind, stellen Sie sie an einem Platz auf, wo Sie sie regelmäßig sehen können. Lassen Sie sich von ihr ständig daran erinnern, wie Ihr Leben aussehen soll. Am besten werfen Sie abends vor dem Schlafengehen einen Blick darauf, damit Ihr Unterbewusstes daran arbeiten kann, während Sie schlafen.

3 Machen Sie sich das gewünschte Resultat von Anfang an bewusst

Eines der wichtigsten Erfolgsprinzipien ist, das Ziel, das Endergebnis bereits von Anfang an zu kennen. Erst wenn Sie Ihre Ziele genau verstehen, können Sie eine entsprechende Strategie erarbeiten, um sie zu erreichen. Die gewünschten Ergebnisse zu kennen, hilft Ihnen auch, auf dem richtigen Weg zu bleiben, wenn Sie sich auf die Details konzentrieren. Nehmen Sie sich zehn Minuten Zeit und beantworten Sie die folgenden Fragen:

- ☆ **Woran werden Sie konkret merken, dass sich die Zeit für den Veränderungsprozess gelohnt hat? Was wird in Ihrem Leben *geschehen* sein?**

- ☆ **Wenn es eine einzige wichtige *Veränderung* gäbe, die Sie in den nächsten drei Monaten vornehmen könnten, welche wäre das?**

4 Finden Sie ein Thema

Wenn Sie der nächsten Phase Ihres Lebens ein übergreifendes Thema zuordnen könnten, welches wäre das? (Zum Beispiel: „Mir Raum schaffen", „Ein Leben entwickeln, das ich liebe",

„Im Beruf aufsteigen", „Meinen idealen Lebenspartner finden" und so weiter.) Ein Thema zu benennen hilft Ihnen beim Visualisieren Ihrer Ziele und bei den nächsten Schritten.

☆ **Mein Thema lautet: ______________________________**

5 Drei persönliche Ziele

Wenn Sie sich die richtigen Ziele setzen, werden Sie Aufregung, ein bisschen Nervosität sowie die Bereitschaft und den Willen verspüren, sie in Angriff zu nehmen.

☆ **Schreiben Sie drei *konkrete* Ziele auf, die Sie im Lauf des nächsten Jahres erreichen möchten.**

☆ **Schreiben Sie drei *konkrete* Ziele auf, die Sie in den nächsten drei Monaten erreichen möchten.**

6 Drei berufliche Ziele

Wenden Sie sich jetzt Ihrer Arbeit zu. Schreiben Sie drei konkrete Ziele auf, die Sie im Laufe des nächsten Jahres in Ihrem Berufsleben erreichen möchten. Fassen Sie dann eine kürzere Zeitspanne ins Auge, und überlegen Sie, welche konkreten Ziele in den nächsten drei Monaten erreichbar sind.

☆ **Schreiben Sie drei *konkrete* berufliche Ziele auf, die Sie im Laufe des nächsten Jahres erreichen möchten.**

☆ **Schreiben Sie drei *konkrete* berufliche Ziele auf, die Sie im Laufe der nächsten drei Monate erreichen möchten.**

7 Setzen Sie sich *kluge* und aufrichtige Ziele

Ihre Ziele sollten konkret, messbar und realistisch und innerhalb eines vorgegebenen Zeitrahmens zu erreichen sein.

Seien Sie bei Ihren Wünschen konkret und detailliert, und drücken Sie jedes Ziel in Zahlen aus, damit Sie Ihren Fortschritt schnell ablesen können. Seien Sie realistisch und setzen Sie sich Ziele, die erreichbar sind (auch wenn dies mehr Anstrengung von Ihrer Seite erfordert). Wenn Sie sich zu hohe Ziele setzen, werden Sie enttäuscht; setzen Sie sie hingegen zu niedrig an, sind Sie nicht genug gefordert. Ich möchte nicht, dass Sie die Motivation oder den Schwung verlieren, den Sie brauchen, um sie zu verwirklichen.

Sorgen Sie dafür, dass Ihre Ziele authentisch sind

Anhand der nun folgenden kurzen Checkliste können Sie schnell feststellen, ob Sie die richtigen Ziele definiert haben. Beantworten Sie für sich die unten stehenden Fragen, um zu überprüfen, ob Ihre Ziele im Einklang mit dem stehen, was Sie sind und was Sie wirklich wollen:

- ***Bringt mich dieses Ziel dorthin, wo ich hin will?***
  Stellen Sie sicher, dass Ihre Ziele in Einklang mit dem übergreifenden Thema Ihres Lebens stehen, und weichen Sie nicht davon ab.

- ***Sind meine Ziele in Einklang mit meinen Wertvorstellungen?***
  Sorgen Sie dafür, dass Sie nicht auf ein Ziel hinarbeiten, das Ihren Wertvorstellungen zuwiderläuft. Wenn Ihre Ziele Ihren inneren Überzeugungen entsprechen, werden

auch Ihre Fähigkeiten immer ausreichen, um sie zu erreichen.

☆ ***Kommen meine Ziele wirklich von Herzen und nicht nur vom Kopf?*** **Stellen Sie sicher, dass Sie jedes Ziel wirklich erreichen wollen, und nicht etwas, das Sie vermeintlich erreichen müssen. Wenn das Ziel für Sie richtig ist, werden Sie merken, dass Synchronizität ins Spiel kommt und die Zufälle des Lebens für Sie arbeiten. (Darüber werden wir in Kapitel zehn ausführlicher reden.)**

8 Vorteile, Schmerzen und Stärken

Die Macht der Absicht kann man gar nicht hoch genug einschätzen. Ihre Absicht, etwas zu tun, ist es nämlich, die eine bewusste Veränderung herbeiführen wird. Die Energie Ihrer Absicht hat die Macht, Ereignisse in die Wege zu leiten und Dinge geschehen zu lassen. In seinem Buch *Die sieben geistigen Gesetze des Erfolgs* sagt Deepak Chopra: „Durch Ihre Absicht können Sie über die Naturgesetze buchstäblich gebieten, um Ihre Wünsche und Träume zu erfüllen."*

Fragen Sie sich bei jedem Ihrer Ziele: „Was bringt es mir, wenn ich es erreiche?" Nehmen Sie sich kurz Zeit, um aufzuschreiben, welchen großen Vorteil das Erreichen des jeweiligen Ziels hat. Falls Sie jemals zögern sollten, während Sie auf ein Ziel hinarbeiten, dann denken Sie an diesen großen Vorteil – damit Sie motiviert bleiben.

☆ **Welches ist jeweils der große Vorteil Ihrer einzelnen Ziele?**

Wenn Sie mit Ihrer Liste fertig sind, legen Sie sie in Ihr Tage- oder Notizbuch oder befestigen Sie sie am Kühlschrank, am

* Deepak Chopra: *Die sieben geistigen Gesetze des Erfolgs.* Heyne, München 1998

Badezimmerspiegel oder an einem anderen Ort, an dem Sie sie immer wieder sehen.

☆ ***Schicksal ist nicht eine Frage des Glücks, sondern eine Frage der Wahl. Es ist nichts, worauf man warten muss, sondern etwas, was man erreichen muss.*** ☆

Jeremy Kitson

Stellen Sie sich dem Schmerz, nicht jedes Ziel erreicht zu haben

Sie erhalten sich Ihre Motivation, wenn Sie sich die Vorteile, die das Erreichen eines bestimmten Ziels mit sich bringen, ganz bewusst machen. Aber manchmal ist es ein noch stärkerer Antrieb, wenn Sie sich den Schmerz vor Augen halten, den Sie verspüren werden, wenn Sie das Ziel nicht erreichen würden. Vergessen Sie nicht: Je mehr Sie mit dem in Kontakt kommen, was es Sie kostet, auf der Stelle zu treten, desto leichter wird es Ihnen fallen, alle Hindernisse zu überwinden, die sich Ihnen in den Weg stellen.

☆ **Nehmen Sie noch einmal Ihre Ziele-Liste zur Hand und schreiben Sie auf, welcher Schmerz für Sie damit verbunden ist, eines der Ziele nicht zu erreichen.**

☆ ***Die Gedanken, für die wir uns entscheiden, sind die Pinsel, mit denen wir unser Lebensgemälde malen.*** ☆

Louise Hay

9 Unterteilen Sie Ihr Ziel in Schritte

Die von Ihnen gewählten Ziele mögen groß oder klein sein. Wenn Sie ernsthaft an einer Veränderung Ihres Lebens interessiert sind, kann es sogar gut sein, dass Sie ein paar sehr große Ziele haben. Gut für Sie! – Herzlichen Glückwunsch, Sie haben sich einer Herausforderung gestellt!

Ich möchte nicht, dass Sie sich von irgendeinem Ihrer Ziele überfordert fühlen. Wenn Sie es in handliche Stücke zerlegen, tun Sie sich leichter, sinnvolle Aktionspläne zu entwerfen. Setzen Sie sich Zwischenziele – das hilft Ihnen, in die Gänge zu kommen und Schwung aufzubauen. Wenn Sie beispielsweise innerhalb eines bestimmten Zeitraums eine bestimmte Anzahl Kilos loswerden wollen, empfiehlt es sich, dieses Vorhaben in Wochen- und Monatsziele zu zerlegen.

Der Motivationsexperte Napoleon Hill sagte: „Erkennen, glauben, erreichen." Wenn Sie glauben, etwas erreichen zu können, dann werden Sie das auch. Machen Sie einfach die ersten Schritte auf das Ziel hin, dann werden die folgenden Schritte umso leichter sein, je zuversichtlicher Sie werden.

Entwickeln Sie für jedes Ziel einen Drei-Schritte-Aktionsplan

☆ **Notieren Sie unten die ersten drei Handlungsschritte, die Sie machen wollen, um jedem Ihrer Ziele einen Schritt näher zu kommen:**

Privates Ziel 1	**Berufliches Ziel 1**
☆	☆
☆	☆
☆	☆

Privates Ziel 2

☆

☆

☆

Berufliches Ziel 2

☆

☆

☆

Privates Ziel 3

☆

☆

☆

Berufliches Ziel 3

☆

☆

☆

☆ ***Die größte Gefahr für die meisten von uns ist nicht, dass unser Ziel zu hoch gesteckt ist und wir es verfehlen, sondern dass es zu niedrig ist und wir es erreichen.*** ☆

Unbekannt

3 Legen Sie die richtigen **Grundlagen**

☆ ***Kurbeln Sie Ihre Energie an und umgeben Sie sich mit den richtigen Leuten*** ☆

Übersicht

Wenn Sie Ihr Leben transformieren und Ihre Träume verwirklichen wollen, müssen Sie vorher natürlich erst die richtigen Grundlagen dafür legen. Ein Wolkenkratzer braucht ein festes Fundament, von dem aus er in den Himmel wachsen kann. Ich möchte, dass Sie möglichst stabile Fundamente legen, auf denen Sie Ihr Leben aufbauen.

Stellen Sie sicher, dass Sie, während Sie die Aufgaben in diesem Kapitel bearbeiten, bestmöglich für sich sorgen. Sie werden dazu aufgefordert werden, regelmäßige Angewohnheiten in Ihr Leben zu integrieren und ein solides Netz von Menschen und Ressourcen aufzubauen, die Sie unterstützen.

Vielleicht sind Sie versucht, mit Zielen und Plänen vorwärts zu stürmen, aber die Zeit, in der Sie Ihre Fundamente legen, ist eine Investition, die sich für den Rest Ihres Lebens bezahlt machen wird.

Wenn Sie dieses Kapitel abgeschlossen haben, werden Sie:

- ☆ **ganz besonders auf Ihr körperliches, geistiges und emotionales Wohlbefinden achten**
- ☆ **sich regelmäßige Angewohnheiten angeeignet haben, die Sie für den Rest Ihres Lebens unterstützen**
- ☆ **Ihre Energie regelmäßig ankurbeln, indem Sie mehr Dinge tun, die Ihnen Spaß machen**
- ☆ **ein Team sprühender Menschen gefunden haben, die Sie inspirieren**
- ☆ **sich aktiv um die Unterstützung wichtiger Menschen bemüht haben, die Ihnen bei der Veränderung Ihres Lebens helfen sollen**
- ☆ **unschätzbar wertvolle Systeme aufgebaut und für Ressourcen gesorgt haben, die Ihnen das Leben erleichtern.**

Schneller Transformations-Test

Beantworten Sie die folgenden Fragen, indem Sie das entsprechende Kästchen ankreuzen. Werten Sie anschließend die Punkte wie folgt aus: 2 Punkte = ja/zutreffend, 1 Punkt = manchmal zutreffend, 0 Punkte = nein/unzutreffend

	ja	**manchmal**	**nein**
1. Ich bin körperlich in Form, bin mit meinem Gewicht zufrieden und trainiere regelmäßig, deshalb bin ich energiegeladen und vital.	❑	❑	❑
2. Ich nehme gesunde Nahrung zu mir, weil sie hohen Nährwert hat und weil sie mir schmeckt, aber nicht, um mich zu trösten. Ich missbrauche meinen Körper nicht durch zu viel Alkohol, Koffein, Nikotin oder andere Drogen.	❑	❑	❑
3. Ich habe mir ein friedliches, harmonisches Zuhause geschaffen, in dem es die Einrichtung, die Kunstgegenstände und die Musik gibt, die ich liebe.	❑	❑	❑
4. Ich trage nur Kleidung, in der ich mich wohl fühle, und habe eine Frisur, die mir ein gutes Gefühl gibt.	❑	❑	❑
5. Ich habe mich innerhalb der letzten drei Jahre ärztlich untersuchen lassen und mein Cholesterinspiegel sowie mein Blutdruck sind im grünen Bereich.	❑	❑	❑
6. Ich gehe regelmäßig zum Zahnarzt und zum Augenarzt, um mir gesunde Zähne und Augen zu erhalten.	❑	❑	❑
7. Ich schlafe so viel, wie ich benötige, um gute Leistungen zu erbringen.	❑	❑	❑
8. Es gibt Dinge, auf die ich mich freue, und jeden Tag lächle ich und lache herzhaft.	❑	❑	❑
9. Ich lege regelmäßig Pausen ein, halte mir die Abende und Wochenenden frei und verbringe meinen Urlaub nur mit Entspannen (nicht mit lästigen Pflichten).	❑	❑	❑
10. Ich bekomme viel Liebe von meinen Mitmenschen und lasse sie wissen, wie sie mich unterstützen und mir helfen können.	❑	❑	❑

1 Selbstfürsorglich und „selbst-voll“

Wenn Sie Ihr Leben verändern wollen, müssen Sie zuerst sich selbst ändern. Dazu ist es wichtig, dass Sie die Selbstfürsorge zu Ihrer obersten Priorität machen.

Ich möchte hier zwischen Selbstfürsorge und Selbstbezogenheit unterscheiden, da diese beiden Begriffe völlig Verschiedenes meinen. Manche Menschen fühlen sich unwohl dabei, ihrer Selbstfürsorge den Vorrang zu geben, weil sie das für egoistisch halten. Aus meiner Sicht als Coach ist Selbstfürsorge eine „selbst-volle“, keine selbstsüchtige Aktivität. Je mehr Sie an sich arbeiten, in sich investieren, sich um sich selbst kümmern und Ihren eigenen Becher füllen, desto mehr haben Sie anderen zu geben. Ja, ich glaube, es ist egoistisch, sich nicht zuerst um sich selbst zu kümmern. Wenn Sie sich vernachlässigen, sind Ihre Batterien bald leer, und das entzieht anderen Menschen eher Energie, als dass es ihnen nützt. Denken Sie daran: Sie können nicht etwas geben, was Sie nicht selbst haben. Wenn Sie sich also nicht zuerst selbst lieben und versorgen, können Sie diese Gaben auch anderen nicht zukommen lassen.

Welche Punktezahl haben Sie beim Thema „Gesundheit und Wohlbefinden“ auf dem Rad des Lebens in Kapitel eins erreicht?

Welche Punktezahl beim Transformations-Test? Wahrscheinlich haben Sie schon eine Vorstellung davon bekommen, wie Sie besser für sich sorgen können.

☆ **Zählen Sie auf, inwiefern Sie im Augenblick für sich sorgen. Was tun Sie, um sich an die erste Stelle zu setzen?**

Erstaunlich wenige Menschen sind zu sich selbst so freundlich, wie sie gern sein möchten. Mit langen Nächten, übermäßigem Essen, Trinken, Rauchen und anderen schlechten Angewohnheiten tun Sie sich keinen Gefallen. Ich fordere Sie heraus, jetzt zu handeln, um möglichst gut für sich zu sorgen. Wie wäre es, wenn Sie für den Anfang eine Massage buchen, mehr Zeit mit Freunden verbringen, sich einen tollen Haarschnitt verpassen lassen oder andere Dinge tun, die Ihnen wirklich Freude machen?

☆ ***Erfinden Sie Ihre Welt. Umgeben Sie sich mit Menschen, Farben, Klängen und Arbeit, die Sie nähren.*** ☆

Sark

2 Suchen Sie sich zehn Lebensfreuden

Lebensfreude stellt einen wichtigen Teil Ihrer Selbstfürsorge dar und Sie können Ihre Seele damit fabelhaft stärken. Ich möchte, dass Sie dafür sorgen, Ihr Leben mit Musik, Humor, Tanz, Interessen und Hobbys zu bereichern, damit Sie etwas haben, worauf Sie sich jeden Tag freuen können. Ich brauche wohl nicht extra zu erwähnen, dass Ihre Zufriedenheit umso größer sein wird, je mehr – große und kleine – Dinge Sie in Ihr Leben bringen, die Ihnen Freude machen.

Welche Dinge geben Ihnen wirklich ein Gefühl von Freude? Für Sie gehört vielleicht dazu, wertvolle Zeit mit Ihren Kindern zu verbringen oder in einem frisch bezogenen Bett zu schlafen, Tennis zu spielen oder frische Blumen und Kerzen zu Hause aufzustellen.

☆ **Welche Veränderungen wollen Sie vornehmen, um mehr Vergnügen und Inspiration in Ihr Leben zu bringen?**

☆ **Schreiben Sie zehn Dinge auf, die Ihnen die größte Freude bereiten.**

3 Kettenreaktion

Proaktiv sein bedeutet, die Initiative ergreifen und nicht darauf warten, dass die Dinge von selbst passieren. Menschen, die im Leben erfolgreich sind, sind meistens auch proaktiv - sie sind sich täglich bewusst, dass das Leben, das sie führen, ihre eigene Wahl ist. Es zählt nicht so sehr, was in Ihrem Leben passiert, sondern das, was Sie damit tun. Genauso geht es nicht so sehr darum, wie Sie hinfallen, sondern darum, wie Sie wieder aufstehen!

☆ **Womit könnten Sie aufhören – oder beginnen –, was eine Kette positiver Ereignisse nach sich ziehen würde?**

4 Zehn regelmäßige Angewohnheiten

Lebensbereichernde Aktivitäten integrieren Sie am besten dadurch in Ihr Leben, indem Sie regelmäßige Gewohnheiten einführen: Dinge, die Sie bereit sind, in der nahen Zukunft täglich, wöchentlich oder monatlich zu tun.

Das können ganz kleine Gewohnheiten sein, doch wenn Sie sie regelmäßig ausführen, werden sie Ihr Leben ungemein bereichern. Ich denke dabei an mindestens 20 Minuten Sportübungen täglich (egal ob es ein flotter Spaziergang ist oder ein Gymnastik-Workout, das liegt ganz bei Ihnen!), mindestens sieben bis acht Stunden täglich schlafen, zwei Liter Wasser täglich trinken, jeden Tag einmal herzhaft mit jemandem lachen, sich alle vierzehn Tage eine Massage gönnen, jede Woche drei neue Arbeitskontakte knüpfen, sofort zurückrufen, ein inspirierendes Gedicht lesen oder mindestens einmal täglich einem Fremden zulächeln.

☆ **Denken Sie über die zehn neuen regelmäßigen Gewohnheiten nach, die Sie dabei unterstützen, der Mensch zu sein, der Sie sein wollen, und das Leben zu führen, das Sie wirklich haben möchten.**

5 Stellen Sie sich ein Leben ohne Hindernisse vor

Wenn Sie finanziell vollkommen unabhängig wären und Geld für Sie kein Thema wäre, wie würde Ihr Leben dann aussehen? Wie würden Sie Ihre Zeit verbringen? Oder wenn Sie wüssten, dass Sie nicht scheitern könnten, was würden Sie in Ihrem Leben anders machen?

☆ **Nehmen Sie sich jetzt zehn Minuten Zeit, um Ihre Antworten aufzuschreiben. Distanzieren Sie sich von den Zwängen Ihres Alltags und denken Sie „groß". Lesen Sie dann noch einmal Ihre Antworten durch und sehen Sie, was Sie über sich gelernt haben.**

6 Tagebuch für die tägliche Inspiration

Ich ermutige Sie eindringlich dazu, sich anzugewöhnen, regelmäßig ein Inspirations-Heft zu führen. Ein Tagebuch oder Notizbuch zu führen, in dem Sie Ihre Gedanken, Einsichten, intuitiven Ideen und Handlungen eintragen, während sich Ihr neues Leben entfaltet, wird Sie während des Transformationsprozesses ungemein unterstützen. Es hilft Ihnen nicht nur dabei, Ihre Gedanken zu klären und Selbstvertrauen aufzubauen. Es dient auch als sehr interessante Gedächtnisstütze, auf die Sie hin und wieder zurückgreifen können, um zu sehen, wie weit Sie es schon gebracht haben!

Zunächst ist etwas Selbstdisziplin erforderlich, um das Inspirations-Heft regelmäßig zu benutzen. Aber bitte halten Sie durch. Wenn Sie sich einmal daran gewöhnt haben, täglich Eintragungen zu machen, werden Sie feststellen, dass die fünf oder zehn Minuten, die Sie dazu brauchen, Ihr Leben ungemein bereichern werden. Gönnen Sie sich ein schönes Notizbuch und fangen Sie noch heute mit dem Schreiben an!

Einige Leute finden es sinnvoll, zweimal am Tag – morgens und abends – kurze Einträge in ihr Tagebuch vorzunehmen. Vielleicht entscheiden Sie sich ja auch nur für einen dieser Zeitpunkte.

Sie könnten beispielsweise Ihre Gedanken zu folgenden Themen einbringen:

- ☆ **Tagesereignisse, bei denen Sie sich glücklich/zuversichtlich/aufgeregt fühlten**
- ☆ **Dinge, die Sie wertschätzen, auf die Sie stolz sind oder zu denen Sie sich verpflichtet haben**
- ☆ **Menschen und Ereignisse an dem jeweiligen Tag, die Sie mögen, und den Grund dafür**
- ☆ **Dinge, die vielleicht nicht so stimmig sind, an denen Sie aber etwas ändern möchten**
- ☆ **Ereignisse, durch die Sie an dem betreffenden Tag etwas gelernt haben oder die Ihnen dabei geholfen haben, sich in irgendeiner Weise weiterzuentwickeln**

Wenn Sie wirklich nur wichtige Punkte in Ihrem Inspirations-Heft festhalten möchten, dann schreiben Sie doch einfach Ihre obersten drei „Hauptgewinne“ auf – die drei wichtigsten Dinge, die die Highlights des jeweiligen Tages waren!

Sobald Sie sich die erforderliche Disziplin für das Tagebuchschreiben angeeignet haben, werden Sie feststellen, dass

Sie viel bewusster darauf achten, was Sie glücklich macht, und werden ein paar einfache Dinge in Ihrem Leben eher zu schätzen wissen. Die wahren Vorteile stellen sich ein, wenn Sie Ihren Entdeckungen Taten folgen lassen. Sie werden mehr Dinge tun, die Ihnen Freude bereiten, und weniger Dinge, die Sie nicht mögen! Versuchen Sie, im folgenden Monat täglich Einträge in Ihr Inspirations-Heft zu machen, und sehen Sie selbst, wie dies Ihr Leben bereichert!

7 Funken sprühende Menschen

Funken sprühende Menschen sind Menschen, die genau das tun: Sie befeuern Sie mit neuen Ideen, inspirieren Sie, fordern Sie heraus, lassen Sie über sich hinauswachsen und ermutigen Sie, all das – und noch mehr – zu sein, was Sie sein können. Diese Menschen spielen für Ihr persönliches Wachstum eine wesentliche Rolle.

- ☆ **Wer war in Ihrem Leben für Sie ein Funken sprühender Mensch? Warum und wie ist ihm das gelungen?**

- ☆ **Wen wollen Sie in Ihrer nächsten Lebensphase gern in Ihr „Funkenteam“ aufnehmen?**

Je mehr Sie sich mit erfolgreichen, anregenden Menschen umgeben, desto mehr werden Sie lernen und desto eher werden manche von ihnen auf Sie abfärben!

☆ ***Oft versuchen Menschen, ihr Leben rückwärts zu leben; sie versuchen, mehr Dinge beziehungsweise mehr Geld zu bekommen, um mehr von dem tun zu können, was sie gern tun möchten, damit sie glücklicher werden. Aber in Wirklichkeit funktioniert es genau andersherum. Sie müssen zuerst der sein, der Sie wirklich sind, und dann tun, was Sie tun müssen, um das zu bekommen, was Sie haben möchten.*** ☆

Margaret Young

Schnell-Tipp

Entwickeln Sie ein starkes Gefühl für persönliche Integrität und Ehrlichkeit

Das Leben wird spürbar einfacher, wenn es Ihnen gelingt, mit sich selbst ehrlich zu sein. Wenn Sie dies ganz beherrschen, kann Sie nur noch wenig wirklich bedrohen. Sie werden merken, dass Sie weniger Probleme haben und ein Ihnen eigenes Gefühl des inneren Friedens und der Ruhe besitzen. Wenn Sie wissen und für sich akzeptieren, wer Sie als Person sind, und ehrlich Ihr Bestes geben, brauchen Sie Ihre Zeit und Energie nicht mehr damit zu verschwenden, irgendetwas anderes sein zu wollen.

„Integrität" bedeutet nicht nur, Verantwortung für die eigenen Taten zu übernehmen, sondern auch ehrlich mit sich selbst zu sein, Selbstachtung zu haben und für alle Bereiche des eigenen körperlichen, geistigen, emotionalen und spirituellen Daseins gut zu sorgen. Tun Sie für sich und Ihren Körper das Beste? Sind Sie sehr belastet? Essen und/oder trinken Sie zu viel? Stehen Sie häufig unter Strom? Ignorieren Sie Probleme? Vermeiden Sie es, die Wahrheit zu sagen? Nehmen Sie sich nicht genügend Zeit für sich?

Ein Mensch ohne Integrität ist wie jemand, dessen Wirbelsäule aus dem Lot geraten ist – sein ganzes Wesen kann nicht mehr optimal funktionieren. Wenn Ihr Leben „aus dem Lot geraten" ist, dann gehen Dinge oft schief und sehr wahrscheinlich machen Sie dann anderen dafür Vorwürfe. Sie werden merken, wann Sie „aus dem Lot geraten" sind, weil es eine deutliche Diskrepanz gibt zwischen dem, was sie sagen, und dem, was Sie tun.

Sie können Ihre persönliche Integrität zu Anfang dadurch erhöhen, dass Sie zehn Lebensbereiche herausfinden, in denen Sie – entweder zu sich oder anderen – nicht immer ehrlich sind. Schreiben Sie sie auf und notieren Sie dann daneben, was Sie tun wollen, um dies anzugehen, und das Datum, bis wann Sie damit fertig sein wollen.

Bitte nehmen Sie sich im folgenden Monat jede Woche zwei dieser Bereiche vor, bis Sie merken, dass Sie ein wirklich authentisches Leben führen.

8 Wichtige Menschen, die Sie unterstützen

Wichtige Menschen, die Sie unterstützen, sind Menschen, mit denen Sie im engsten Freundes-, Familien- oder Kollegenkreis in Verbindung stehen und auf deren Hilfe Sie sich hundertprozentig verlassen können, während Sie Ihr Leben vorwärts bewegen.

☆ **Wer war für Sie im Leben eine wesentliche Unterstützung? Warum und wie ist dem Betreffenden dies gelungen? Was genau war es, was Sie an dieser Person schätzten?**

☆ **Wen wollen Sie in Ihr „Support-Team" aufnehmen, damit er Ihnen hilft, die nächste Lebensphase in Angriff zu nehmen?**

☆ **Wenn Sie von irgendjemandem lernen könnten, wer wäre das? Warum?**

Sobald Sie Ihr engstes Team kennen, sagen Sie jeder einzelnen Person, wie sie Ihnen am meisten helfen kann, und sprechen Sie Ihre ehrliche Anerkennung für die Rolle aus, die der/die Betreffende in Ihrem Leben bald spielen wird.

9 Suchen Sie nach Ressourcen, die Ihnen helfen können

Als Letztes beim Aufbau Ihrer Fundamente müssen Sie dafür sorgen, dass Sie die richtigen materiellen Ressourcen haben, damit Sie aus dem Vollen schöpfen können. Was brauchen Sie, um Ihr Leben zu verbessern? Welche Werkzeuge, Maschinen, elektrischen Geräte, Beleuchtung, oder vielleicht einen Computer, eine Geschirrspülmaschine, eine Tiefkühltruhe, ein Auto, eine Stereoanlage? Nehmen Sie sich zehn Minuten Zeit, um die folgenden Fragen zu beantworten, und vermerken Sie jeweils ein Datum, bis wann Sie etwas dafür tun werden.

☆ **Welche Ressourcen würden Ihr häusliches Leben bereichern?**

☆ **Welche Ressourcen würden Ihr Berufsleben verbessern?**

☆ **Welche Strukturen brauchen Sie, damit Sie Ihr Bestes geben können?**

☆ **Mit welchen Ressourcen können Sie sich umgeben, um Ihre Leistung, Ihre Produktivität und Ihr Gefühl, ein erfülltes Leben zu führen, zu steigern?**

☆ **Was wäre außerdem für Sie nützlich (Informationen, Bücher, lebensnotwendige Fertigkeiten, Wissen usw.)?**

☆4☆ Gönnen Sie Ihrem Leben einen **Frühjahrsputz**

☆ ***Entrümpeln Sie, vereinfachen Sie und rationalisieren Sie, dem Erfolg zuliebe*** ☆

Übersicht

Wenn Sie grundlegend etwas in Ihrem Leben verändern möchten, brauchen Sie genügend Raum und Zeit dafür. Das nächste Kapitel ebnet ganz entscheidend den Weg, der vor Ihnen liegt. Als Coach helfe ich meinen Klienten in den Anfangssitzungen dabei, mehr Raum, Zeit und Klarheit in ihrem Leben zu schaffen, bevor sie anfangen, ehrgeizigere Ziele zu verwirklichen. Und Klarheit stellt sich oft erst dann ein, wenn wir ein bisschen Frühjahrsputz in unserem Leben gemacht haben.

Wenn Sie reinen Tisch gemacht, unnötigen Plunder ausgemistet, sich von Lärm, Ablenkungen und Energieräubern getrennt haben und zu allem Nein sagen, was nicht zu Ihren obersten Prioritäten gehört – erst dann wird genügend Raum vorhanden sein, damit die guten und positiven Dinge in Ihr Leben treten können.

Mit der Arbeit an den Aufgaben in diesem Kapitel werden Sie sich mehr physischen, geistigen und emotionalen Raum für die nächste Phase Ihres Lebens schaffen. Ihre Zukunft wird schneller da sein, sobald Sie Raum dafür geschaffen haben!

Wenn Sie dieses Kapitel abgeschlossen haben:

- ☆ **haben Sie zu Hause und am Arbeitsplatz ausgemistet;**
- ☆ **sind Sie gegen die vielen kleinen, lästigen Energieräuber vorgegangen, mit denen Sie sich bislang abgefunden haben;**
- ☆ **werden Sie öfter Nein sagen;**
- ☆ **haben Sie Ihr Leben vereinfacht, organisiert und rationalisiert;**
- ☆ **haben Sie mit allen alten Angelegenheiten aufgeräumt, um mehr im Augenblick zu leben und dem „Hier und Jetzt" mehr Aufmerksamkeit zu widmen und sich daran zu erfreuen;**
- ☆ **werden Sie Reserven bilden, damit Sie in Hülle und Fülle Zeit, Raum und Energie für neue Möglichkeiten haben.**

Schneller Transformations-Test

Beantworten Sie die folgenden Fragen, indem Sie das entsprechende Kästchen ankreuzen. Werten Sie die Punkte anschließend wie folgt aus: 2 Punkte = ja/zutreffend, 1 Punkt = manchmal zutreffend, 0 Punkte = nein/unzutreffend

	ja	**manchmal**	**nein**
1. Meine häusliche und berufliche Umgebung sind frei von Gerümpel und stimulierend.	❑	❑	❑
2. Kleiderschrank und Schubladen sind aufgeräumt und meine Kleidung ist sauber und gebügelt.	❑	❑	❑
3. Papierkram, Korrespondenz und Quittungen sind ordentlich abgelegt.	❑	❑	❑
4. Ich lasse weder zu Hause noch am Arbeitsplatz irgendetwas herumliegen, was mich stört oder ärgert.	❑	❑	❑
5. Es gibt nur wenige Dinge, die in der Schwebe sind, unbeendete Projekte, geschäftliche oder andere Aufgaben.	❑	❑	❑
6. Ich tue nie etwas, weil ich meine, ich sollte oder müsste es tun.	❑	❑	❑
7. Ich überfrachte mein Leben nicht mit zu viel Fernsehen und Radio oder zu vielen Zeitungen.	❑	❑	❑
8. Ich habe mich von Menschen und Beziehungen getrennt, die mich herunterziehen oder mich negativ beeinflussen.	❑	❑	❑
9. Ich habe Probleme aus der Vergangenheit erledigt und bin in der Lage, mehr im „Hier und Jetzt“ zu leben	❑	❑	❑
10. Ich baue Reserven auf, damit ich mehr Zeit und Energie für neue Möglichkeiten habe.	❑	❑	❑

1 Schaffen Sie sich eine inspirierende Umgebung zu Hause und am Arbeitsplatz

Zum Start in Ihre neue Lebensphase gehört unbedingt dazu, dass Sie sich zu Hause wie auch am Arbeitsplatz ein inspirierendes Umfeld schaffen. Ich möchte, dass Sie sich als einen der Eckpfeiler Ihres Lebens ein ruhiges und harmonisches Zuhause einrichten. Wenn Ihr Wohnraum eine positive Atmosphäre hat, sind Sie viel eher in der Lage, Ihr Bestes zu geben.

Gefällt Ihnen die Gegend, in der Sie wohnen? Gefällt Ihnen die Gegend, in der Sie arbeiten? Wenn sie nicht ideal ist, wie können Sie trotzdem das Beste daraus machen? Ist Ihr Zuhause ein Ort, an dem Sie sich entspannen und auftanken können? Entspricht es dem Lebensstil, den Sie gern hätten? Sind Sie zufrieden mit dem Grundriss, den Möbeln, der Einrichtung?

Manchmal bewirken schon kleine Veränderungen in der Wohnung sehr viel. Sie könnten zum Beispiel eine Wand streichen, eine Kerze im Schlafzimmer aufstellen, andere Beleuchtung installieren, zusätzliche Regale aufhängen, frische Blumen hinstellen, Musik auflegen und Bilder aufhängen. Stellen Sie am Arbeitsplatz ein paar mehr Blumen auf und achten Sie darauf, dass Ihr Schreibtisch sauber und Ihre Ablage aufgeräumt ist – das gibt Ihnen mehr Energie, um produktiv zu sein.

Überlegen Sie, was Sie tun können, um Ihren Raum zu verschönern.

☆ **Was wollen Sie zu Hause verändern?**

☆ **Was wollen Sie am Arbeitsplatz verändern?**

2 Entrümpeln Sie Ihr Leben

Wir alle haben eine gewisse Menge von Gerümpel im Leben angehäuft – Probleme, Menschen und Überzeugungen, die uns blockieren, uns bremsen oder uns Energie rauben. Wir haben uns mit Plunder, lästigen unerledigten Aufgaben und Situationen abgefunden, die alles andere als ideal sind und uns von den wichtigen Dingen im Leben abhalten. Wenn Sie Ihre Zukunft deutlich sehen wollen, müssen Sie von diesem „Gerümpel“ so viel wie möglich loswerden.

Was sind im Augenblick die großen und kleinen Plagen in Ihrem Leben? Vielleicht haben Sie noch gar nicht richtig bemerkt, wie viele nebensächliche und lästige Dinge Sie daran hindern, voranzukommen. Wir tolerieren so vieles, ohne dass es notwendig wäre. Einen negativ denkenden Freund, einen defekten Staubsauger, eine zu kleine Tiefkühltruhe, ein Kopiergerät, das nicht richtig funktioniert, einen Stapel Bügelwäsche, unerledigten Papierkram, eine kränkelnde Pflanze, ein dreckiges Auto, einen Kunden, der uns zermürbt – die Liste ist endlos!

☆ **Erstellen Sie eine Top-10-Liste der Dinge, mit denen Sie sich abgefunden haben.**

☆ **Wählen Sie zwei davon aus, packen Sie sie an, und schaffen Sie sie bis Ende dieser Woche aus der Welt.**

Gehen Sie nochmals Ihre Liste durch und versehen Sie jedes Problem am Rand mit einem Datum, als Verpflichtung, dass Sie es bis dahin gelöst haben werden. Gehen Sie daran, der Reihe nach allmählich alle aus der Welt zu schaffen. Sie werden feststellen, dass dies ein fortlaufender Prozess ist. Während Sie bestimmte lästige Dinge angehen, tauchen wieder andere auf. Für den Umgang damit hat es sich als sehr effektiv erwiesen, ein System zu entwickeln, um den Überblick zu behalten. Vielleicht können Sie jede Woche etwas Extrazeit erübrigen, um Lästiges anzugehen und sich mit den Menschen in Ihrer häuslichen und/oder beruflichen Umgebung auf Verantwortungsbereiche zu einigen.

Wenn Sie damit anfangen, sich der Dinge zu entledigen, die Sie bisher stillschweigend toleriert haben, werden Sie sich erleichtert fühlen und mehr Energie haben. Je mehr Lästiges Sie loswerden, desto positiver wird der Raum um Sie herum und desto klarer wird Ihr Weg sich vor Ihnen abzeichnen!

3 Beseitigen Sie Energieräuber

Einer der großen Vorteile beim Lebens-Frühjahrsputz ist, dass Ihr Energiefluss einen enormen Schub erhält. Erfolgreiche Menschen haben mehr als genug Energie – geistige, körperliche und emotionale –, um ihre Vorstellungen und Pläne in die Tat umzusetzen. Ihre Energie durchfließt sie sichtbar und kann ansteckend sein, denn sie vermag andere gefangen zu nehmen und mitzureißen, während alles in der Hälfte der Zeit erledigt wird. Zur Optimierung Ihres Energieflusses müssen Sie Ihre Energieräuber minimieren und die Energie, die in Ihr Leben kommt, maximieren.

Gerümpel entzieht Ihnen Energie. Sortieren Sie also alles durch und entscheiden Sie, was Sie behalten, was Sie wegwerfen, verschenken, verkaufen oder aufbewahren wollen. Trennen Sie sich von allem, was Sie nicht unbedingt brauchen oder in den letzten zwölf Monaten nicht benutzt haben. Weisen Sie jedem Gegenstand, den Sie behalten wollen, einen Platz zu, und organisieren Sie sich so, dass sich nicht wieder zu viel anhäuft. Entrümpeln Sie Ihr ganzes Leben, und schützen Sie sich vor der Informationsflut durch Fernsehen, Zeitungen und andere Quellen. Kündigen Sie Abonnements von Zeitschriften, zu deren Lektüre Ihnen die Zeit fehlt. Surfen Sie weniger im Internet. Trinken Sie weniger Alkohol und vermeiden Sie ungesundes Essen. Entgiften Sie Körper und Geist und machen Sie Ihre Umgebung gründlich sauber. Fragen Sie sich dabei immer: „Was kann ich noch tun, um mein Leben zu vereinfachen?“

☆ **Gibt es etwas, das Ihnen derzeit die Energie raubt? Wenn Sie auf der Liste oben etwas vergessen haben, schreiben Sie es jetzt auf, und dazu gleich einen Plan, wie Sie den Energieräuber ausschalten wollen.**

4 Sagen Sie öfter Nein

„Nein“ ist ein ganz starkes Wort, das sich in den frühen Phasen Ihrer Lebensänderung als äußerst hilfreich erweisen kann. Schon der Lifecoaching-Prozess selbst ermutigt Sie dazu, positiv und proaktiv zu sein. Zunächst aber müssen Sie lernen, zu allem, was Ihnen Energie entzieht und nicht zu Ihrem Besten ist, Nein zu sagen.

In dieser geschäftiger Welt, in der wir alle aufgefordert werden, fröhlich und positiv eingestellt zu sein und das Leben zu bejahen, fällt es vielen von uns sehr schwer, Nein zu sagen. Wenn Sie jemand sind, der immer anderen hinterher jagt, müssen Sie höchstwahrscheinlich lernen, öfter Nein zu sagen, als Sie es im Moment tun. Wenn etwas Ihr Leben nicht bereichert, dann fragen Sie sich, warum Sie es tun. Lohnt es sich? Hat es in Ihrem Leben seinen Zweck erfüllt? Wenn Sie nicht einen wirklich triftigen Grund für etwas haben, dann sagen Sie einfach Nein dazu!

Wenn Ihnen das schwer fällt, dann üben Sie. Stellen Sie sich vor einen Spiegel und lassen Sie Ihre Lippen das Wort „Nein“

formen. Wenn Sie das nächste Mal mit einer Forderung konfrontiert werden, schinden Sie ein bisschen Zeit mit der Frage: „Kann ich noch mal darüber nachdenken?“

Es hat einmal jemand zu mir gesagt: „Wenn Sie niemals Nein sagen, was ist dann Ihr Ja wert?“ Denken Sie darüber einmal kurz nach. Mit einem Nein schaffen Sie den Raum, damit Ihr Ja wirklich eine Bedeutung hat.

☆ ***Ja und Nein zu sagen, erzeugt eindeutig Selbstvertrauen und befreit uns von der irrigen Annahme, wir seien machtlos.*** ☆

Marsha Sinetar

Machen Sie die Dinge, zu denen Sie Ja sagen, zu denen, für die Sie alles geben können. Solche Momente, in denen Sie wirklich jemandem helfen können, oder jene Dinge, die Ihnen und anderen große Freude bereiten. Lassen Sie andere all das tun, wozu Sie wirklich Nein sagen wollen!

☆ **Listen Sie Ihre zehn wichtigsten Nein-Punkte auf: Dinge, die Sie aus Ihrem Leben streichen werden, um sich zu erleichtern. „Ich werde nicht mehr …“**

5 Bauen Sie Reserven auf, um Zeit und Energie zu sparen

Sind Sie ständig unterwegs, rennen von hier nach dort, um unrealistische Termine einzuhalten? Es gibt nichts Schlimmeres, als sich selbst unter Druck zu setzen, das Adrenalin durch den Körper fluten zu lassen, wenn Sie etwas versprechen, das Sie vermutlich nur mit Mühe einhalten können. Denken Sie daran, einen Puffer einzubauen – Zeitreserven ermöglichen es

Ihnen, Ihr Bestes mit weniger Stress zu geben. Wenn Sie zum Beispiel zu Terminen fünf oder zehn Minuten zu früh erscheinen, haben Sie Zeit, Ihre Gedanken zu sammeln und das Beste aus dem Treffen herauszuholen.

Bilden Sie neben Zeitreserven auch materielle Reserven, Waren, die Sie häufig brauchen. Damit sparen Sie nicht nur Zeit und die Mühe, regelmäßig einkaufen zu gehen. Nein, materielle Vorräte erinnern Sie auch ständig daran, dass Sie beachtliche Reserven in Ihrem Leben aufgebaut haben, und zwar so viele, dass Ihr Leben mühelos dahinfließt. (Ich denke da an Vorräte von Briefpapier, Toilettenpapier, Wein oder allem anderen, das Ihrem Lebensstil entspricht.)

Ein weiteres Geheimnis des Zeitmanagements ist es, mit den Erwartungen anderer Menschen fertig zu werden: Weniger zu versprechen und mehr einzulösen. Das nimmt Ihnen den Druck und hilft Ihnen, Ihre Zeit optimal zu nutzen. Wer weniger erwartet und dann mehr bekommt, hält Sie außerdem für sehr effizient. Und das macht Sie für andere interessant.

☆ **Was können Sie tun, um Zeitreserven in Ihr Leben einzubauen?**

6 Energie-Verstärker

Sobald Sie sich um Ihre Energieblockaden, lästigen Dinge, einschränkenden Überzeugungen und das Gerümpel gekümmert haben, werden Sie feststellen, dass Sie in Ihrem Leben mehr Raum für positive Energie geschaffen haben. Was können Sie tun, um mehr davon zu bekommen? Machen Sie sich zu den folgenden Fragen Gedanken:

☆ **Wer und was gibt Ihnen geistige und emotionale Energie, Inspiration und Schwung fürs Leben?**

☆ **Wie können Sie Ihre Gesundheit und Ihr Wohlbefinden konkret verändern, um Ihre körperliche Energie anzukurbeln?**

☆ **Handeln Sie, um diese Energie-Verstärker in Ihren Alltag zu integrieren!**

Denken Sie daran: Wenn Sie Ihr Leben verändern wollen, müssen Sie Ihre Einstellung ändern und sich selbst motivieren. Was bei Ihnen funktioniert, mag bei einem anderen nicht funktionieren. Je besser Sie sich selbst verstehen, desto größer ist die Wahrscheinlichkeit, dass Sie Widerstände und Hindernisse in Ihrem Leben überwinden.

Denken Sie an eine Zeit zurück, als Sie sich motiviert und verantwortlich fühlten. Was geschah damals um Sie herum? Verbinden Sie sich regelmäßig mit Ihrer eigenen Motivationsquelle, dann werden Sie nie den Schwung verlieren und können alle Blockaden sprengen!

☆ ***Freiheit ist die Art, wie man mit dem umgeht, was einem widerfahren ist.*** ☆

Jean-Paul Sartre

☆7 Seien Sie im Augenblick präsent

Werden Sie in jedem Augenblick präsenter. Lassen Sie sich Zeit, das Tempo zu drosseln, achten Sie im Alltag auf alle Einzelheiten, und nutzen Sie die äußeren und inneren Hinweise um Sie herum. Wenn Sie mehr auf Ihre Welt achten und zu einer aufgeschlossenen, aufnahmebereiten Einstellung finden, werden Sie allmählich mehr sehen und merken, dass Sie im Fluss sind. Dies ist eine Zeit, sich inspirieren zu lassen und neue Einsichten und Perspektiven zu gewinnen. Wenn Sie in einem hektischen, zielorientierten Leben gefangen sind, laufen Sie leicht Gefahr, in der Zukunft zu leben und den Zauber des Augenblicks zu übersehen. Doch wenn Sie dem Augenblick Ihre Aufmerksamkeit schenken, werden Sie sicher angenehm überrascht sein von den großartigen Gelegenheiten, die direkt vor Ihrer Nase liegen und nur darauf warten, wahrgenommen zu werden!

Im Augenblick zu leben, ermöglicht es Ihnen, aus unvorhergesehenen Umständen den besten Nutzen zu ziehen. Wenn etwas unerwartet geschieht oder etwas anderes dabei herauskommt als das, was Sie sich eigentlich erhofften, bleiben Sie aufmerksam. Denn dann können Sie sich vom Unverhofften in eine neue und vielleicht bessere Zukunft leiten lassen. Wenn Ihr Leben wirklich im Fluss ist und Sie sich gestatten, aufgeschlossen zu sein und die Dinge ganz natürlich geschehen zu lassen, wird Ihre Zukunft schneller auf Sie zukommen, als Sie es anfangs für möglich gehalten haben.

☆ **Wie viel Zeit und/oder Energie verbringen Sie (bewusst oder unbewusst) in der Zukunft oder für die Zukunft statt im Heute?**

☆ **Welche Veränderungen müssen Sie noch vornehmen, um auf den gegenwärtigen Augenblick konzentriert zu bleiben?**

Gehen Sie den Weg des geringsten Widerstands

Sobald Sie den Fluss anzapfen, brauchen Sie sich nicht mehr unter Druck zu setzen, um etwas zu erreichen, was Sie sich wünschen. Das Leben kann einfacher werden und braucht kein Kampf mehr zu sein. Betrachten Sie es wie Radfahren. Sie haben Zeit und Energie für die Planung der Fahrstrecke gebraucht, sind über Stock und Stein gefahren und jetzt ist es an der Zeit, loszulassen, das Rad einfach nur den Berg hinunterlaufen zu lassen und die Fahrt zu genießen!

☆ ***Wenn eine Tür zugeht, öffnet sich eine andere; aber wir blicken oft so lange und voll Bedauern auf die geschlossene Tür, dass wir die, die sich für uns auftun, nicht sehen.*** ☆

Alexander Graham Bell

Schnell-Tipp

Keine „Sollte“ und „Müsste“ mehr!

Wenn Sie sagen, Sie „sollten“ oder „müssten“ etwas tun, dann stammt diese Aussage vermutlich aus dem Repertoire von jemand anderem und nicht aus Ihrem – es sei denn, Sie müssen es wirklich tun.

Achten Sie im Alltag darauf, wie oft Sie sagen: „Ich sollte dies tun“ oder „Ich sollte jenes tun“. Sagen Sie beispielsweise jemals zu sich: „Ich sollte abnehmen“ oder „Ich sollte den Job wechseln“? Denken Sie mal kurz darüber nach. Fragen Sie sich: „Ist das etwas, was ich wirklich tun muss oder tun will?“ Ich meine damit nicht, dass Sie die Verantwortung für etwas abwälzen sollten, was Sie notwendig tun müssen. Bei uns allen gibt es Dinge im Leben, die wir nicht besonders gern machen (Hausarbeit oder Papierkram zum Beispiel), aber wir wissen, dass sie erledigt werden müssen. Das sind grundlegende Bedürfnisse, um die man sich kümmert. Genauso kann es sein, dass von Ihnen verlangt wird, sich um die Bedürfnisse eines anderen zu kümmern (etwa eines kranken Verwandten). Dann geht es darum, dass Sie sich Ihrer Verantwortung stellen.

Ich möchte, dass Sie sich ganz realistisch Ihre Bedürfnisse, Verantwortlichkeiten und Wünsche bewusst machen und dementsprechend eine Wahl treffen. Wenn Ihr „ich sollte" weder ein Bedürfnis noch eine echte Verantwortung noch ein Wunsch ist, nehme ich an, dass es nicht Ihr wahres Wesen zum Ausdruck bringt und dass Sie es besser nicht tun!

☆ **Achten Sie in den nächsten Tagen auf Ihre Sprache und darauf, wie oft Sie „sollte" und „müsste" sagen. Schreiben Sie zehn Situationen auf, bei denen Sie am häufigsten „ich sollte" und „ich müsste" sagen. Entscheiden Sie, ob es sich dabei um Dinge handelt, die Sie tatsächlich brauchen oder tun wollen. Wenn das nicht so ist, überlegen Sie, wie Sie damit umgehen möchten.**

Ich ermutige Sie eindringlich, sich so oft wie möglich nach den wahren Gründen zu fragen, warum Sie etwas tun. Wenn sich etwas für Sie nicht richtig anfühlt, dann lassen Sie es sein. Wenn Sie etwa feststellen, dass Sie jede Woche Überstunden machen, dann fragen Sie sich: „Gibt es dafür einen guten Grund? Inwiefern nützt mir das?" Ist es etwas, das Sie tun müssen, weil Ihre Überstunden bezahlt werden und Sie das zusätzliche Geld vielleicht benötigen? Oder ist das Projekt für Sie, die Firma, den Klienten oder Kunden wichtig und Sie profitieren alle davon? Dann ist das Grund genug. Ist der wahre Grund für Ihre Überstunden aber der, dass Sie meinen, Sie „sollten", weil alle es so machen, oder weil Sie sich einfach inzwischen daran gewöhnt haben, dann halten Sie inne und fragen Sie sich, ob Sie das nicht auch ändern können. Zwingen Sie sich zu oft zu etwas? Wäre es besser für Sie, Methoden zu entwickeln, wie Sie in weniger Stunden effektiver und produktiver arbeiten?

Ihr Leben wird erfüllender sein, wenn Sie sich allmählich nicht mehr zu Dingen verpflichtet fühlen, die Ihnen eigentlich nichts bringen. Tun Sie das, was Sie sich zu Ihrem besten Wohl wünschen – es ist Ihr Leben!

8 Lernen Sie aus Ihrer Vergangenheit

Wenn Sie gründlich Frühjahrsputz in Ihrem Leben machen, ist es wichtig, den Bereich anzugehen, der Probleme aus der Vergangenheit betrifft, vor allem Überbleibsel aus schwierigen Zeiten. Im Laufe des Lebens geraten wir alle irgendwann einmal in schwierige Situationen, und vielleicht lernen wir gerade in unseren schwärzesten Stunden ein paar sehr wertvolle Lektionen. Aber manchmal bleiben Dinge aus der Vergangenheit in der Luft hängen und werden zu sich wiederholenden Mustern. Wenn Sie vorwärtskommen wollen, müssen Sie etwas dagegen tun! Alte Themen aufzuarbeiten und aus früheren Fehlern oder Enttäuschungen zu lernen, kann Ihnen viel solidere Grundlagen für Ihre Zukunft liefern.

☆ **Worauf war Ihre Aufmerksamkeit in den schwierigen Zeiten Ihres Lebens gerichtet?**

☆ **Was sind die härtesten Lektionen, die Sie lernen mussten?**

☆ **Gibt es ein Problem oder Thema, das immer wieder auftaucht?**

☆ **Wenn Sie immer wieder das gleiche Muster wiederholen – warum, meinen Sie, ist das so?**

☆ **Liegt es Ihnen so sehr am Herzen, dass Sie ein für allemal etwas daran ändern möchten? Wenn ja, was werden Sie tun?**

9 Lernen Sie aus Ihren Problemen

Es ist nicht ungewöhnlich, dass die Probleme oder Schwierigkeiten, denen wir im Leben begegnen, rückblickend zu unseren größten Geschenken werden. In dem schwierigen Moment selbst wird es nicht so aussehen, aber es ist sehr hilfreich, sich folgende Frage zu stellen:

☆ **Welche drei wichtigen Lektionen lerne ich durch diese Erfahrung, die mich auf meinem Weg am besten voranbringen (wenn ich sie bearbeite)?**

Vergessen Sie nicht: Lernen ist ein lebenslanger Prozess. Also seien Sie mit dem Herzen dabei, geben Sie in der jeweiligen Situation Ihr Bestes, lernen Sie aus Ihren Fehlern und nehmen Sie immer mal wieder kleine Korrekturen vor.

☆ ***Nur wer riskiert, zu weit zu gehen, kann überhaupt herausfinden, wie weit man gehen kann.*** ☆

T. S. Eliot

☆ ***Freiheit besteht darin, kühn zu sein.*** ☆

Robert Frost

5 Stärken Sie Ihr Selbstvertrauen

☆ *Lernen Sie Ihre Stärken kennen und betrachten Sie Dinge mit Abstand* ☆

Übersicht

Ein wichtiger Teil Ihrer Lebensveränderung besteht darin, Ihr wahres Selbst zu verstehen und sich mit ihm zu verbinden. Das heißt, sich dafür zu schätzen, wer Sie sind, und das Vertrauen zu haben, der Mensch zu sein, der Sie wirklich sein wollen – und dabei Ihren Beitrag für andere zu optimieren.

Kennen Sie Ihre wahren Stärken und wissen Sie, wie andere Sie tatsächlich wahrnehmen? Ist Ihnen vollkommen klar, welchen Einfluss Sie auf andere haben und wofür andere Sie schätzen?

In diesem Kapitel möchte ich Ihnen helfen, den Kern Ihres Potenzials zu erkennen und herauszufinden, wie Sie ihn nähren können, damit er wächst und zu voller Blüte gelangt. Ich möchte, dass Sie ganz von selbst vertrauensvoll, glücklich und erfolgreich werden und trotzdem ehrlich zu sich sind.

Wenn Sie dieses Kapitel abgeschlossen haben:

- ☆ **wird Ihnen klar sein, welches Ihre wichtigsten Stärken sind und wie andere Menschen Sie sehen;**
- ☆ **ist das Bild, wer Sie sein wollen, viel klarer geworden;**
- ☆ **werden Sie Ihre Taten auf das konzentrieren, was Sie einzigartig macht, und zwar in den Bereichen, in denen Sie das Leben der anderen wirklich bereichern;**
- ☆ **werden Sie mehr Zeit mit Dingen verbringen, die Sie mit Freude und Leidenschaft tun;**
- ☆ **werden Sie fähig sein, sich auszuklinken und den Druck von sich zu nehmen, indem Sie die Dinge mit einem größeren Abstand sehen;**
- ☆ **werden Sie Ihre „Vertrauensmuskeln" regelmäßig trainieren, indem Sie wöchentlich dazu Notizen machen.**

Schneller Transformations-Test

Beantworten Sie die folgenden Fragen, indem Sie das entsprechende Kästchen ankreuzen. Werten Sie anschließend die Punkte wie folgt aus: 2 Punkte = ja/zutreffend, 1 Punkt = manchmal zutreffend, 0 Punkte = nein/unzutreffend

	ja	manchmal	nein
1. Ich kenne meine wichtigsten Stärken.	❑	❑	❑
2. Ich weiß, was ich mit Leidenschaft tue und was mich inspiriert.	❑	❑	❑
3. Ich weiß, welche Eigenschaften andere Menschen an mir schätzen, und setze sie ein, um anderen zu helfen.	❑	❑	❑
4. Ich verstehe, weshalb ich einzigartig bin und womit ich andere bereichere.	❑	❑	❑
5. Ich baue auf meine persönlichen Stärken und delegiere meine Schwächen an andere.	❑	❑	❑
6. Ich glaube an mich und meine Fähigkeiten, hege tiefe Zuversicht und glaube fest an mich.	❑	❑	❑
7. In dem, was ich tue, bin ich Experte und erledige meine Arbeit besser als die meisten Menschen, die ich kenne.	❑	❑	❑
8. Ich freue mich auf die Arbeit und/oder mein Alltagsleben.	❑	❑	❑
9. Ich fühle mich durch meinen Tagesablauf selten ausgelaugt – meistens habe ich abends genauso viel Energie wie morgens.	❑	❑	❑
10. Ich fühle mich wohl und in der Lage, mich in meiner Arbeit und meiner Zeitgestaltung voll auszudrücken.	❑	❑	❑

1 Der Mensch werden, der Sie sein möchten

Sie selbst und Ihr Selbstvertrauen sind oft was das Einzige, das Sie daran hindert, der Mensch zu werden, der Sie sein wollen. Wir beschränken uns, wenn es darum geht, Gelegenheiten zu nutzen und das Mögliche zu erreichen, weil es uns an Selbstvertrauen fehlt. Haben Sie so viel Selbstvertrauen, wie Sie haben möchten? Vermutlich nicht. Erfolg im Leben hängt davon ab, ob Sie auf Ihre Fähigkeit vertrauen, einen Unterschied bewirken und erfolgreich sein zu können. Es ist wichtig, daran zu glauben, dass Ihre Erfahrungen, Ihre Pläne, Bedürfnisse und Wünsche wirklich einen Wert haben.

Ich glaube, Sie sind imstande, mehr Selbstvertrauen zu entwickeln und der Mensch zu werden, der Sie sein wollen – sofern Sie auf sich achten und sich für neue Lektionen und neues Wachstum öffnen. Selbstvertrauen lässt sich stärken, indem Sie innere Arbeit leisten und Ihre Überzeugungen sowie Ihr inneres Selbst stärken. Das lässt sich auch entwickeln, indem Sie auf Ihr Image, Ihr Verhalten und Ihr äußeres Erscheinungsbild achten. Eines der Geheimnisse großen Selbstvertrauens ist, gleichzeitig an inneren und äußeren Punkten zu arbeiten, da diese sich gegenseitig beeinflussen. Wenn Sie zuversichtlich aussehen, es aber nicht sind, wird Ihre Umwelt das entweder bewusst oder unbewusst merken, und oft ist es auch umgekehrt.

Von innen nach außen arbeiten – es ist wohl selbstverständlich, dass Ihr natürliches Selbstvertrauen umso größer sein wird, je besser Sie sich kennen! Wenn Sie um Ihre Stärken, Rollen, Werte und den Sinn Ihres Lebens wissen, werden Sie sich mit Ihrem wahren inneren Wesen verbinden und sich in der Welt mit mehr Vertrauen ausdrücken können. Es wird Ihr gesamtes weiteres Leben positiv beeinflussen, wenn Sie sich jetzt die Zeit gönnen, um diese wichtigen, Sie selbst betreffenden Themen ganz zu verstehen. Das Selbstvertrauen wächst, wenn Sie Ihr Augenmerk auf das richten, was in Ihrem Leben funktioniert und worin Sie gut sind, statt auf Dinge, bei denen Sie befürchten, zu scheitern. Konzentrieren Sie sich auf die positiven Seiten und versuchen Sie, um Negativität, Probleme und Ängste einen großen Bogen zu machen.

Von außen betrachtet können eine Verbesserung Ihres Erscheinungsbildes und die Entwicklung einer Körperhaltung, eines Verhaltens und einer Stimmlage, die Zuversicht erkennen lassen, dazu führen, dass Sie Selbstvertrauen ausstrahlen und es auch innerlich spüren.

- ☆ **Brauchen Sie einen neuen Haarschnitt?**
- ☆ **Würde es sich lohnen, wenn Sie sich ab jetzt regelmäßig eine Gesichtspflege und Make-up gönnen?**
- ☆ **Könnten Sie Ihre Körperhaltung verbessern?**
- ☆ **Halten Sie guten Augenkontakt mit anderen Menschen?**
- ☆ **Lächeln auch Ihre Augen, wenn Sie Menschen ansprechen?**
- ☆ **Hören Sie eher zu, als dass Sie sprechen?**
- ☆ **Würde Ihnen ein Stimmtraining etwas bringen?**
- ☆ **Kleiden Sie sich entsprechend?**

2 Verbinden Sie sich mit Ihren Stärken

Wir alle besitzen besondere Gaben. Je mehr wir sie einsetzen, desto mehr bereichern wir unser Leben und auch das unserer Mitmenschen. Doch allzu oft werten wir uns ab und vergessen, was uns zu etwas Besonderem macht. Wenn ich Sie bitten würde, Ihre Stärken aufzuzählen und mir zu sagen, was Sie Funken sprühen lässt, könnten Sie mir dann sofort antworten? Wahrscheinlich fällt es Ihnen leichter, über Ihre Schwächen statt über Ihre Stärken zu reden. Stellen Sie etwa Ihr Licht unter den Scheffel?

Als Ihr Coach möchte ich erreichen, dass Sie sich im Alltag möglichst oft mit Ihrem wahren Wesen verbinden. Sie werden mehr Freude an sich haben, wenn Sie Ihre Stärken einsetzen und Ihr wahres Selbst zum Ausdruck bringen. Und Sie werden merken, dass Sie auf Ihre Fähigkeiten vertrauen können und dabei von anderen geschätzt werden.

Der erste Schritt ist, zu klären, was Ihre Stärken, Fähigkeiten und angeborenen Gaben sind. Nehmen Sie sich in den nächsten Tagen Zeit und Ruhe, um die folgenden Übungen zu machen. Es kann sein, dass Sie das mit einem gewissen Widerwillen tun, aber lassen Sie sich bitte darauf ein, denn wenn Sie diesen Schritt getan haben, werden Sie ein viel stärkeres Selbstwertgefühl haben.

Verbindung mit dem Selbst aufnehmen

☆ **Worin glänzen Sie? Worin zeichnen Sie sich aus? Machen Sie eine Liste mit all Ihren *Stärken* zu folgenden Kategorien:**

- ☆ **Körper**
- ☆ **Intellekt**
- ☆ **Soziales/Beziehungen**
- ☆ **Geschäftliches/Finanzen**
- ☆ **Sonstige**

☆ **Erstellen Sie dann eine Liste mit all Ihren *Schwächen* zu denselben Kategorien:**

- ☆ **Körper**
- ☆ **Intellekt**
- ☆ **Soziales/Beziehungen**

- ☆ **Geschäftliches/Finanzen**
- ☆ **Sonstige**

☆ **Schreiben Sie jetzt die Dinge auf, die Ihnen *Freude* bereiten – wieder zu denselben Kategorien:**

- ☆ **Körper**
- ☆ **Intellekt**
- ☆ **Soziales/Beziehungen**
- ☆ **Geschäftliches/Finanzen**
- ☆ **Sonstige**

☆ **Schreiben Sie abschließend die Dinge auf, die Ihnen *keine* Freude bereiten:**

- ☆ **Körper**
- ☆ **Intellekt**
- ☆ **Soziales/Beziehungen**
- ☆ **Geschäftliches/Finanzen**
- ☆ **Sonstige**

☆ **Welche Einsichten können Sie aus Ihren Antworten auf diese Übungen gewinnen?**

Schnell-Tipp

Vertrauen Sie Ihrer Intuition

Inneres Vertrauen und Glauben an sich selbst sind kostbare Eigenschaften. Je mehr Zugang Sie zu ihnen haben, desto eher werden Sie in der Lage sein, mit den Veränderungen im Leben zurechtzukommen. Sie können diese Eigenschaften noch besser entwickeln, wenn Sie auf sich achten und sich Ihrer inneren Weisheit bewusst werden. Ich möchte, dass Sie Ihre Intuition zu Ihrem Verbündeten machen und Ihren „Bauch-Gefühlen" trauen.

Wie spricht Ihre Intuition zu Ihnen? Erhalten Sie Informationen in Worten, empfangen Sie Einsichten im Kopf oder nehmen Sie Gefühle im Körper wahr? Wenn Sie noch nicht wissen, wie Sie Zugang zu Ihrer Intuition bekommen, fragen Sie sich, wo Sie Dinge im Körper spüren. Wenn Sie eine Entscheidung treffen müssen, dann setzen Sie sich still hin und achten Sie auf Ihren Körper. Wahrscheinlich spüren Sie in einem Teil Ihres Körpers „Aufregung" (vielleicht ein Klopfen im Magen) und Angst oder eine Vorahnung an einer anderen Stelle (vielleicht wird Ihre Kehle trocken). Sie können mithilfe dieser Gefühle interpretieren, was Ihre Intuition Ihnen mitteilen will. Schaffen Sie sich Zeit und Raum, um Zugang zu Ihren inneren Tiefen zu bekommen. Haben Sie Geduld und gestatten Sie sich, Ihre eigenen Antworten zu entdecken, wenn der richtige Zeitpunkt für Sie gekommen ist. Stellen Sie Ihrer Intuition Fragen und achten Sie auf die Antworten. Die kommen unter Umständen wie ein Geistesblitz, wie eine Einsicht während eines Traums, ein „wissendes" Gefühl in der Magengrube oder auch als „Zufall“ im richtigen Moment, der Ihre Gedanken bestätigt oder Ihnen irgendwie sinnvoll erscheint.

Als Ihr Coach möchte ich, dass Sie lernen, sich selbst nicht mehr im Weg zu stehen, aus Ihrem Kopf „auszusteigen“ und in Ihr Herz zu gehen, um sich immer wieder mit Ihrer eigenen inneren Weisheit zu verbinden. Sich selbst nicht mehr im Weg zu stehen bedeutet, Ihr Ego beiseite zu schieben und in Kontakt mit Ihrer eigenen Wahrheit zu kommen.

Veränderung beginnt oft eher mit Glauben als mit Fakten. Sie brauchen den Glauben, um auf den Instinkt Ihres Körpers, die Intuition Ihres Herzens und die Fähigkeit Ihres Verstandes zu vertrauen. Und während Sie lernen, sich von Ihrem Ego zu distanzieren und wirklich Sie selbst zu sein, schaffen Sie mehr Raum für Wahrheit und Glück.

3 Führen Sie ein Selbstvertrauens-Heft

Eine großartige Methode, die Ihnen beim Aufbau Ihres Selbstvertrauens hilft, ist das Selbstvertrauens-Heft, in das Sie einmal pro Woche Ihre neuesten Gedanken eintragen. Ich mache meine Einträge immer am Wochenanfang und greife manchmal unter der Woche darauf zurück, um meine Entscheidungen zu bekräftigen, mich zu besinnen und zu dem zu stehen, was ich bin.

Ihr Selbstvertrauens-Heft ist der Ort, an dem Sie Ihre Antworten auf die folgenden bestärkenden Fragen zu Ihrer Person und Ihrem Leben eintragen:

- ☆ **Worüber bin ich im Augenblick in meinem Leben am glücklichsten? Warum?**

- ☆ **Worauf bin ich im Augenblick in meinem Leben besonders stolz? Warum?**

- ☆ **Was löst bei mir im Augenblick die größte Aufregung aus? Warum?**

- ☆ **Wen liebe ich und mit wem bin ich im Augenblick gern zusammen?**

- ☆ **Wer liebt und schätzt mich für das, was ich bin?**

Besorgen Sie sich ein Notizbuch und beantworten Sie im folgenden Monat diese Fragen zum Selbstvertrauen einmal pro Woche. Nehmen Sie sich für jede zehn Minuten Zeit, und freuen Sie sich darüber, Ihr Selbstvertrauen aufzubauen.

4 Ihre Stärken – Feedback von anderen

Mit Ihren Stärken und angeborenen Fähigkeiten können Sie auch in Kontakt kommen, indem Sie Leute, die Sie kennen und denen Sie vertrauen, die Sie achten und mögen, um Rückmeldungen bitten. Andere Menschen sehen unser wahres Wesen manchmal nämlich deutlicher als wir selbst.

Ihre nächste Aufgabe ist, fünf Ihnen nahe stehende Personen aus unterschiedlichen Lebensbereichen (z. B. ein Familienmitglied, einen Arbeitskollegen, eine Schulfreundin oder einen sozialen Kontakt) auszuwählen und sie zu bitten, die folgenden Fragen zu Ihrer Person so ehrlich wie möglich zu beantworten. Ich weiß, dass Ihnen dabei zunächst etwas mulmig sein wird. Lassen Sie Ihren Stolz Stolz sein, holen Sie tief Luft und seien Sie bereit, sich der Weisheit der Menschen zu öffnen, die Ihnen am Nächsten stehen. Meine Klienten sagen oft, dies sei eine der hilfreichsten Aufgaben überhaupt.

Sie können sich die Sache erleichtern, indem Sie den Betreffenden den Zusammenhang erklären. Oder treffen Sie sich doch mit dem Freund, der Freundin, oder rufen Sie sie an, um ihnen die Fragen zu stellen und eine spontane Antwort darauf zu bekommen. Sie können den betreffenden Personen die Fragen mailen und ihnen so Zeit und Raum lassen, darauf zu antworten. Eine andere Möglichkeit wäre, ein Spiel daraus zu machen und eine Gruppe Freunde einzuladen und sich gegenseitig Feedback zu geben – dann hat jeder etwas davon!

Die Fragen lauten:

☆ **Woran denkst du zuerst, wenn du an mich denkst?**
☆ **Was ist das Interessanteste an mir?**
☆ **Was hältst du für meine größte Leistung?**
☆ **Was schätzt du an mir am meisten?**
☆ **Was nimmst du als meine größten Stärken wahr?**

Es gibt auch eine eher spielerische Variante, wie Sie vielseitigeres Feedback der anderen bekommen: Stellen Sie ihnen folgende Frage: „Wenn ich auf einer Titelseite erscheinen sollte, was für eine Zeitschrift wäre das deiner Meinung nach und worum ginge es in dem dazugehörigen Artikel?“

Sobald Sie alle Rückmeldungen gesammelt haben, tragen Sie die Informationen bitte zusammen und suchen Sie nach den Übereinstimmungen.

☆ **Haben Sie schon angefangen, sich mit Ihrer Kraftquelle zu verbinden? Tun Sie bereits die Dinge, die Sie Funken sprühen lassen?**

☆ **Was haben Sie aus diesen Übungen gelernt? Sieht Ihre Umwelt Sie anders, als Sie sich sehen?**

☆ **Wie viele der Meinungen, die Sie erhalten haben, stimmen überein? Welche Meinung haben die Menschen ganz allgemein von Ihnen?**

☆ **Gibt es etwas, das Sie bei den Antworten erstaunt?**

☆ **Welches sind die wichtigsten Einsichten, die Sie daraus gewonnen haben?**

☆ **Was ist Ihrer Meinung nach Ihr wahres Wesen?**

☆ **Welche drei Dinge werden Sie als Reaktion auf das Gelernte tun?**

☆ **Welche Veränderungen werden Sie gern vornehmen, um Ihre Stärken ins Spiel zu bringen?**

☆ **An welche Menschen können Sie sich wenden, die Ihr Selbstvertrauen stützen werden? Wer glaubt voll und ganz an Ihre Fähigkeit, alles zu erreichen, was Sie sich erträumen?**

☆ ***Wer andere kennt, ist weise. Wer sich selbst kennt, ist erleuchtet.*** ☆

Laotse

☆5 Was werden Sie *häufiger/seltener* tun?

Oft hängen wir tagsüber unseren Träumen nach, was wir tun würden, „wenn wir nur genügend Zeit oder Geld dazu hätten“. Während Sie sich durch Ihren Veränderungsprozess arbeiten und Hindernisse und Energieräuber aus dem Weg räumen, gehen Sie doch auch einmal Ihre eigenen „Wenn-nur's“ durch und fangen Sie an, Träume Wirklichkeit werden zu lassen. Stellen Sie sich vor, Sie hätten Zeit, sich nur auf das zu konzentrieren, was Sie gut können, und beantworten Sie folgende Fragen:

☆ **Was werden Sie häufiger tun?**

☆ **Was werden Sie seltener tun?**

☆ **Basiert Ihr Leben im Augenblick auf Ihren Stärken und Fähigkeiten?**

☆ ***Ihre einzige Verpflichtung im Leben ist es, sich selbst gegenüber ehrlich zu sein. Jemand anderem oder etwas anderem gegenüber ehrlich zu sein ... ist unmöglich.*** ☆

Richard Bach

6 Begreifen Sie Ihren einzigartigen Wert

Bei allen von uns gibt es gewisse Lebensbereiche, in denen wir glänzen, und es ist die Kombination aus Stärken, persönlichen Merkmalen und besonderen Qualitäten, die jeden von uns einzigartig macht. In welchen Bereichen sind Sie Experte? Vielleicht können Sie großartig organisieren und planen, vielleicht zeigt sich Ihre besondere Begabung bei kreativen Ideen, dem Umgang mit Geld oder der Lösung komplexer Probleme. Der Schlüssel zum Erfolg ist, dass Sie sich auf Ihre eigenen speziellen Qualitäten konzentrieren.

☆ **Welches sind Ihre drei wichtigsten einzigartigen Qualitäten?**

☆ **Welchen echten Wert verleihen Sie Ihrer Meinung nach Ihrem Privatleben?**

☆ **Welchen echten Wert verleihen Sie Ihrer Meinung nach Ihrem Berufsleben?**

☆ **Inwiefern haben Ihre derzeitigen Rollen und Hauptaktivitäten mit Ihrem einzigartigen Wert zu tun?**

Bewerten Sie sich mit einer Punktezahl zwischen 1 und 10, wobei 10 „Ich setze meine einzigartigen Qualitäten sehr oft ein" und 0 „Ich setze sie überhaupt nicht ein" bedeutet.

☆ **Privatleben: 1 2 3 4 5 6 7 8 9 10**

☆ **Berufsleben: 1 2 3 4 5 6 7 8 9 10**

☆ **Welche Veränderungen wollen Sie vornehmen, um sich der Punktezahl 10 zu nähern?**

Wenn Sie Ihren einzigartigen Wert in Ihrem Privat- und Berufsleben geklärt haben, fragen Sie sich, zu wie viel Prozent Sie diese Aktivitäten im täglichen Leben tatsächlich ausüben, in denen Sie glänzen. Am besten ist es, Sie verbringen 80 Prozent Ihrer Zeit mit den Dingen, die Sie am besten können. Ist das möglich?

☆ ***Wenn ich am Ende meines Lebens vor Gott stehe, hoffe ich, dass ich kein einziges Talent mehr besitze und sagen kann: „Ich habe alles aufgebraucht, was du mir gegeben hast.“*** ☆

Erma Bombeck

7 Treten Sie zurück und sehen Sie das größere Bild

Wenn es gerade mal nicht so reibungslos läuft, dann ist es sehr hilfreich, zurückzutreten und sich den größeren Zusammenhang dessen, was Sie tun, ins Gedächtnis zu rufen. Stellen Sie sich folgende Fragen:

☆ **Aus welchen Gründen (und aufgrund welcher echten Vorteile) habe ich das eigentlich getan?**

☆ **Wenn ich mein Leben drei Jahre vorspulen und dann auf diesen Augenblick zurückblicken könnte, welchen Rat würde ich mir dann geben?**

☆ **Was kann mir jetzt schlimmstenfalls passieren? Ist es wirklich so schlimm?**

8 Verarbeiten Sie Rückschläge kreativ

Eines der augenfälligsten Merkmale erfolgreicher Geschäftsleute ist ihre Fähigkeit, auf Rückschläge und Hindernisse kreativ zu reagieren. Der Wert eines Lifecoachs besteht darin, den Menschen dabei zu helfen, ihre Situation mit Abstand zu betrachten und sie daran zu erinnern, was in guten und schlechten Zeiten möglich ist. Auf Rückschläge kreativ zu reagieren und Hindernisse oder Probleme in Chancen zu verwandeln, ist eine Kunstfertigkeit, die Ihre Lebensqualität enorm steigern wird.

☆ ***Eine Schwierigkeit zu überwinden ist der Schmelztiegel, der den Charakter formt.*** ☆

Anthony Robbins

Stellen Sie sich bestärkende Fragen

Ganz gleich, welche Probleme auftauchen, Sie werden feststellen, dass Sie besser damit umgehen können, wenn Sie sich bestärkende Fragen stellen. Wenn Sie sich festgefahren haben und entmutigt sind, weil etwas nicht nach Plan läuft, dann bringt Sie eine schwächende Frage wie: „Warum passiert das ausgerechnet mir?“ wahrscheinlich keinen Schritt weiter. Sie werden sich dadurch eher noch stärker in Selbstmitleid verstricken, das Sie nur behindert.

Wenn etwas schief geht, konzentrieren Sie sich nicht auf das Negative, sondern fragen Sie sich: „Was erhoffe ich mir davon wirklich?“ Betrachten Sie die Situation realistisch, erkennen und anerkennen Sie das Problem als das, was es ist. Sehen Sie ihm direkt ins Auge, ermitteln Sie die Fakten, sagen

Sie sich: „Was passiert ist, ist passiert“, und richten Sie Ihre Energie darauf, sich ein klares Bild zu machen: „Da die Dinge nun mal so liegen, wie kann ich aus der Situation das Beste machen? Wie sähe die bestmögliche Lösung aus?“ Stellen Sie sich die Frage „Was möchte ich in dieser Situation fühlen?“ Viele von uns lassen sich von äußeren Umständen und anderen Menschen vorschreiben, wie sie sich in bestimmten Situationen zu fühlen haben. Dabei können wir doch selbst die Verantwortung für unsere Gefühle und Reaktionen übernehmen. Wenn Sie sich die Kontrolle über Ihre Gefühle wieder aneignen, gibt Ihnen dies ein Vertrauen ins Leben, das unschätzbar wertvoll ist. Sie – und nur Sie – können wählen, wie Sie reagieren wollen.

☆ **„Wenn ich wüsste, dass nichts schief gehen kann, wie würde ich dann mit dieser Situation umgehen?“ Wenn Sie sich ein positives Ergebnis vor Augen halten, öffnet sich Ihr Geist erstaunlich schnell für neue Möglichkeiten. Dann sind Sie bereit, Strategien in Erwägung zu ziehen, die Sie früher, als Sie noch negativer eingestellt waren, niemals gewagt hätten!**

9 Zapfen Sie Ihr wahres Wesen an

Wenn Sie Ihre Stärken und Schwächen anerkennen, heißt das, dass Sie mit sich selbst ganz ehrlich sind. Ich möchte jetzt, dass Sie aus Ihren Stärken das Beste machen und Ihre Schwächen delegieren. Können Sie Nein zu Aufgaben sagen, bei denen Ihre Stärken nicht zur Geltung kommen? Erinnern Sie sich: Erfolg heißt, zu wissen, wer Sie sind und was Ihnen Freude macht und die Leidenschaft in Ihnen weckt, zu handeln und es zu tun! Wenn Sie Ihre Kreativität anzapfen und Ihre Fähigkeiten und Stärken zu Hause und bei der Arbeit zum Einsatz bringen können – dann sind Sie bereits auf dem Weg zu einem erfüllenden Leben! Gönnen Sie sich die Freiheit, Ihr wahres Selbst zum Ausdruck zu bringen, und halten Sie bitte an diesem Gedanken fest, während Sie die folgenden Schritte der Veränderung machen.

☆ **Was werden Sie nun anders machen, damit Sie sich ganz bestimmt hundertprozentig wertschätzen?**

☆ ***Niemand kann Ihnen ohne Ihr Einverständnis das Gefühl geben, minderwertig zu sein.*** ☆

Eleanor Roosevelt

6 Festigen Sie Ihre **Beziehungen**

☆ ***Schaffen Sie dauerhafte erfreuliche Beziehungen zu sich und anderen*** ☆

Übersicht

Die Qualität unserer Beziehungen entscheidet oft über die Qualität unseres Lebens. Vermutlich werden Sie am Ende Ihres Lebens nicht darüber nachdenken, wie hart Sie gearbeitet oder wie viel Geld Sie verdient haben. Wahres Glück beruht nicht auf Besitz, Macht oder Image, sondern auf der Qualität Ihrer Beziehungen zu Menschen, die Sie lieben und respektieren.

Ich möchte, dass Sie erfüllende Bindungen und ein dynamisches Netz mit fantastischen Menschen aufbauen, die Sie fördern und dabei unterstützen, die nächste Phase Ihres Lebens vorzubereiten. Ich möchte, dass Sie sich mit Menschen umgeben, die Ihren Horizont erweitern und Ihnen helfen, zu Ihrem wahren Wesen zu finden.

Mithilfe der Aufgaben in diesem Kapitel werden Sie Ihr Leben bereichern, indem Sie Ihre Beziehungen festigen. Das wird Ihnen wiederum dabei helfen, Ihrer Vision und dem Leben, das Sie sich wünschen, näher zu kommen.

Wenn Sie dieses Kapitel abgeschlossen haben:

- ☆ **wird Ihnen klar sein, welche Beziehungen Sie sich in Ihrem Leben wünschen;**
- ☆ **haben Sie gelernt, ohne Bedingungen zu geben, und wissen, was Sie am besten für andere tun können;**
- ☆ **werden Sie andere Menschen anerkennen und wertschätzen;**
- ☆ **werden Sie klar sagen können, was Sie sich von anderen wünschen, damit es Ihnen gut geht;**
- ☆ **haben Sie gelernt, wie Sie Ihre Kommunikation so verbessern, dass Sie mehr bereichernde, nützliche Beziehungen in Ihrem Leben pflegen und festigen können.**

Schneller Transformations-Test

Beantworten Sie die folgenden Fragen, indem Sie das entsprechende Kästchen ankreuzen. Werten Sie anschließend die Punkte wie folgt aus: 2 Punkte = ja/zutreffend, 1 Punkt = manchmal zutreffend, 0 Punkte = nein/unzutreffend

	ja	**manchmal**	**nein**
1. Ich verspüre eine besondere Verbindung zu wichtigen Menschen in meinem Leben.	❑	❑	❑
2. Die Menschen in meiner Umgebung inspirieren mich und geben mir fast immer ein gutes Gefühl.	❑	❑	❑
3. Ich bringe mich hundertprozentig zum Ausdruck; mein wahres Wesen, mein Geist, meine Liebe zum Leben und meine Lebenslust offenbaren sich durch meine Art, mit anderen zu kommunizieren.	❑	❑	❑
4. Die Menschen sind gern mit mir zusammen; ich bin meistens unbeschwert und ein humorvoller Gesprächspartner.	❑	❑	❑
5. Ich habe keine Angst, ehrlich zu mir zu sein oder vor anderen verletzlich zu wirken.	❑	❑	❑
6. Ich bin freundlich und großzügig zu anderen und gern bereit, zu teilen und zu geben.	❑	❑	❑
7. Ich erkenne die Menschen für das an, was sie sind; ich respektiere die anderen und nehme Anteil an ihrem Leben.	❑	❑	❑
8. Ich höre aufmerksam zu, wenn Menschen mir etwas erzählen, und gebe ihnen das Gefühl, vollkommen verstanden zu werden.	❑	❑	❑
9. Ich spreche deutlich und herzlich, ich bin konstruktiv, ermutigend und konsequent in meiner Unterstützung und verstärke das Positive in anderen Menschen.	❑	❑	❑
10. Ich bin bereit, ohne Bedingungen zu lieben und Liebe zu geben, ohne etwas Besonderes als Gegenleistung zu erwarten.	❑	❑	❑

1 Persönliche Beziehungen

Anziehungskraft und Kommunikationsfähigkeit entspringen aus dem, was Sie sind und wie Sie Ihr Leben führen. Menschen wollen mit Menschen zusammensein, denen sie vertrauen, die sie respektieren, zu denen sie eine Beziehung aufbauen können und die sie mögen. Eine der wichtigsten Lehren der Attraktion ist, dass Sie die Menschen und Dinge anziehen, für die Sie im Leben bereit sind. Was Sie von sich geben, wird Ihnen von Ihrer Umgebung sehr häufig gespiegelt. Wenn Sie anderen Menschen mit Negativität und Kritik begegnen, werden sich diese Menschen Ihnen gegenüber höchstwahrscheinlich auch negativ und kritisch verhalten.

☆ ***Oft und viel lachen; die Achtung intelligenter Menschen und die Zuneigung von Kindern gewinnen; ehrliche Kritik zu würdigen wissen und den Betrug durch falsche Freunde aushalten; Schönheit schätzen lernen und bei anderen nur das Beste suchen; die Welt ein bisschen besser hinterlassen; (...) wissen, dass selbst ein einziges Leben leichter geatmet hat, weil du gelebt hast – das heißt, Erfolg gehabt zu haben.*** ☆

Ralph Waldo Emerson

☆ **Wen ziehen Sie im Moment in Ihrem Leben an? Was sind die allgemeinen Themen und Merkmale Ihrer Beziehungen?**

Jetzt haben Sie ermittelt, wo Sie mit den Beziehungen in Ihrem Leben stehen, und ich möchte, dass Sie nun klären, wen Sie in der nächsten Phase Ihres Lebens bei sich haben möchten.

Welche Menschen möchten Sie in Ihr Leben mit einbeziehen? Nach welchen persönlichen Qualitäten suchen Sie und welche Art von Beziehungen wollen Sie haben?

☆ **Wen wollen Sie in Ihr Privatleben miteinbeziehen? Listen Sie die Arten von Beziehungen, Rollen und Wechselwirkungen auf, nach denen Sie suchen (egal, ob es sich um einen bestimmten Menschen oder um Beziehungen zu Freunden und Familie handelt).**

☆ **Welche der aufgelisteten Beziehungen und Qualitäten gibt es jetzt schon in Ihrem Leben?**

☆ **Welche Beziehungen oder Qualitäten und Merkmale fehlen derzeit in Ihrem Leben?**

2 Berufliche Beziehungen

Richten Sie Ihre Aufmerksamkeit nun auf Ihren Arbeitsplatz und die Art von Beziehungen, die Sie dort brauchen, um Ihre Ziele zu erreichen.

☆ **Welche Beziehungen und Interaktionen wünschen Sie sich in Bezug auf Ihren Beruf/Ihre Karriere?**

☆ **Welche der Beziehungen und Qualitäten, die Sie sich wünschen, gibt es in Ihrem Leben bereits?**

☆ **Welche Beziehungen oder Qualitäten und Merkmale fehlen derzeit in Ihrem Leben?**

An dieser Stelle ist es wichtig, darauf hinzuweisen, dass Sie nicht unbedingt *alle* der idealen Qualitäten in einer Person vereint finden werden, die Sie gerade aufgelistet haben. Niemand und nichts ist immer perfekt. Wenn Sie Beziehungen aufbauen können, die Ihrem Ideal zu 80 Prozent entsprechen, sind Sie schon auf dem besten Weg, sich ein glückliches, erfüllendes Leben zu schaffen. Wenn Sie in einer Beziehung ein paar kleine Mängel akzeptieren – oder sich vielleicht sogar darüber freuen können –, wird Ihr Leben während dieses Prozesses bunter werden.

Schnell-Tipp

„Werden Sie Ihr eigener bester Freund"

Wenn Sie in Ihrem Leben bedeutsame Beziehungen aufbauen möchten – sei es mit geliebten Menschen, Freunden, der Familie, einem Kunden oder Kollegen –, müssen Sie sich zuerst einmal mit der Beziehung zu sich selbst befassen und diese stärken. Je mehr Sie an sich glauben und sich achten, desto mehr werden andere an Sie glauben und Sie achten. Je attraktiver Sie sich innerlich fühlen, desto mehr wird Ihre Umgebung dies widerspiegeln. Bevor Sie nach den Eigenschaften suchen, die Sie sich bei anderen wünschen, überlegen Sie, was Sie tun können, um sich die gewünschten Eigenschaften selbst anzueignen. Denken Sie daran, immer Ihr bester Freund zu sein.

3 Lernen Sie zu geben, ohne Bedingungen zu stellen

Anderen etwas geben, ohne eine Gegenleistung dafür zu erwarten, ist wahrscheinlich die allerwichtigste Art, Menschen anzuziehen und Ihre Beziehungen zu verbessern. Das Geben an sich wird Ihr Selbstwertgefühl und Ihre Zufriedenheit steigern.

Denken Sie über Ihre Stärken nach und darüber, wie Sie Ihre Qualitäten einsetzen können, um anderen zu helfen. Wie können Sie andere am besten unterstützen? Was können Sie ihnen geben, was sie möchten? Wie können Sie, indem Sie anderen helfen, Ihre Ziele schneller und müheloser erreichen? Die Stärke von anderen anzuzapfen, kann Ihr Leben befördern. Ich möchte, dass Sie von der gegenseitigen „Befruchtung“ durch Ideen, Erfahrungen, Wissen und Weisheit profitieren können, indem Sie zuerst etwas von sich geben.

☆ **Was können Sie anderen geben und wie können Sie ihnen am besten nutzen? Schreiben Sie drei Dinge auf, die Sie öfter tun können, um sie anderen zu geben.**

4 Zeigen Sie anderen Anerkennung und Anteilnahme

Wenn man Menschen anerkennt und ihnen zeigt, dass man Anteil nimmt und ihnen Gutes wünscht, kann man stärkende Beziehungen aufbauen.

☆ **Suchen Sie sich drei der wichtigsten Menschen in Ihrem Leben aus, und sagen Sie ihnen, was Sie an ihnen am meisten lieben und schätzen.**

Ich möchte Sie auffordern, sich täglich mindestens drei Menschen gegenüber erkenntlich zu zeigen. Beispielsweise indem Sie ihnen einen Brief oder eine „Dankeschön"-Karte schicken, wertvolle Zeit mit ihnen verbringen, mit ihnen telefonieren, ihnen eine E-Mail schicken, etwas tun (und sei es eine Kleinigkeit), das sie zu schätzen wissen, oder eine gemeinsame Unternehmung arrangieren, die ihnen beiden Freude macht.

5 Bitten Sie um das, was Sie wollen

Scheuen Sie sich nicht, deutlich zu sagen, was Sie sich von jemandem wünschen. Ein sehr häufiger Fehler ist, von anderen zu erwarten, dass sie wissen, was Sie brauchen und möchten, denn das ist meistens nicht der Fall. Wenn Sie in der Lage sind, darum zu bitten, wird der Umgang mit Ihnen leichter und Sie werden leichter zufrieden zu stellen sein. Sie wirken auf die Menschen deutlich und geradeheraus und werden dadurch wesentlich anziehender. Ich möchte, dass Sie lernen, in all Ihren Beziehungen um das zu bitten, was Sie haben wollen. Sagen Sie den anderen, was für Sie ideal ist – davon profitieren beide Seiten!

6 Sprechen Sie Probleme sofort an

Ignorieren Sie Probleme nicht und kehren Sie Missverständnisse nicht unter den Teppich. Leugnen Sie nicht, versuchen Sie nicht, sich zu rechtfertigen oder jemand anderem einen Vorwurf für die schwierige Situation zu machen. Erkennen Sie, dass es in Ihrer Macht steht, etwas daran zu ändern. Egal in welcher Situation, Sie können die Verantwortung übernehmen und die Beziehung auf eine höhere, positivere Ebene bringen.

Gestatten Sie sich, eine Störung als Gelegenheit zu sehen, etwas zu lernen, zu verändern oder die Dinge zum allseitigen Vorteil zu verbessern. Gibt es in Ihren derzeitigen Beziehungen ungeklärte Probleme oder Missverständnisse, die zur Sprache kommen müssen? Was sind Sie bereit dafür zu tun?

7 Begreifen Sie, dass die Wahrnehmung eines Menschen zu seiner Realität wird

Die Schwierigkeit von Kommunikation liegt darin, dass jeder eine andere Sicht der Realität hat, die auf seinem persönlichen Blickwinkel, seinen Informationen und Wahrnehmungen beruht. Wenn Sie sich darauf einlassen, die Dinge aus einer anderen Perspektive zu betrachten, und erkennen, dass alle Menschen mit den ihnen zur Verfügung stehenden Möglichkeiten ihr Bestes tun, werden Sie feststellen, dass jedes Ding immer zwei Seiten hat, egal von wo aus Sie es betrachten. Erlauben Sie sich, in den nächsten zehn Tagen für die Wahrnehmung anderer Menschen aufmerksamer zu werden.

Wie können Sie die gewonnenen Einsichten dazu nutzen, um Ihre Beziehungen zu stärken?

8 Versetzen Sie sich in die Lage der anderen

Tun Sie Ihr Bestes, um einen anderen Menschen zuerst zu verstehen, bevor Sie Ihren eigenen Standpunkt kundtun. Haben Sie keine Vorurteile und ziehen Sie keine voreiligen Schlüsse. Stellen Sie eindeutige Fragen und hören Sie den Antworten aufmerksam zu. Je besser Ihre Fragen sind, desto einfacher ist es, die Antworten zu verstehen. Hören Sie einfühlend zu. Begegnen Sie den Menschen mit Respekt und reagieren Sie auf ihre Bedürfnisse. Versetzen Sie sich in die Lage des anderen und bemühen Sie sich seinen Standpunkt zu verstehen. Aus dem Blickwinkel der anderen denken Sie dann über das Ergebnis nach, das Ihnen einen Gewinn bringen würde.

9 Werden Sie das Vorbild dessen, den Sie suchen

Wenn Sie Ihre Kommunikationsfähigkeiten ernsthaft verbessern wollen, dann halten Sie Ausschau nach Vorbildern und überlegen Sie, was Sie von ihnen lernen können. Menschen mit Kommunikationstalent besitzen meistens eine „Leichtigkeit“, Klarheit und einen gut entwickelten Sinn für Humor. Je mehr Sie sich mit diesen Menschen verbünden, desto größer ist die Wahrscheinlichkeit, dass deren Eigenschaften auf Sie abfärben! Sie erinnern sich: Gleich und gleich gesellt sich gern. Werden Sie also ein Vorbild dessen, was Sie suchen. Wenn Sie mehr Vertrauen in Ihrem Leben haben wollen, fangen Sie damit an, sich selbst mehr zu trauen. Wenn Sie mehr Liebe haben möchten, dann lieben Sie sich und andere mehr – es kann gut sein, dass die Liebe erwidert wird. Wer sind die Menschen mit erfolgreichen Beziehungen in Ihrem Leben? Was können Sie von ihnen lernen?

☆ **Welche Eigenschaften schätzen Sie an anderen Menschen?**

Lesen Sie die Eigenschaften, die Sie gerade aufgeschrieben haben, noch einmal durch, und bewerten Sie sich mit einer Punktezahl zwischen eins und zehn. Geben Sie sich zehn Punkte, wenn Sie das Gefühl haben, diese Eigenschaft in Ihrem Leben derzeit hundertprozentig zum Ausdruck zu bringen, und nur einen Punkt, wenn Sie diese Eigenschaft im Augenblick nicht besitzen. Überlegen Sie, welche Wesensmerkmale Sie jetzt bei sich selbst entwickeln wollen. Denken Sie daran, Achtsamkeit ist der Startpunkt, aber mehr noch zählt das Handeln! Behandeln Sie diejenigen, denen Sie begegnen, so, wie Sie selbst gern behandelt werden möchten, dann wird das auf Sie zurückfallen.

☆ ***Die tiefste Beziehung, die wir jemals haben werden, ist die zu uns selbst.*** ☆

Shirley MacLaine

☆ *In der Minute, in der du anfängst, das zu tun, was du tun willst, beginnt ein anderes Leben.* ☆

Buckminster Fuller

☆7 Nehmen Sie Ihre Hindernisse **in Angriff**

☆ ***Erkennen Sie Ihre Blockaden und unternehmen Sie etwas, um weiterzukommen*** ☆

Überblick

Ertappen Sie sich manchmal dabei, dass Sie voller Pläne sind, was Sie tun wollen und müssen, dann aber mit sich selbst unzufrieden sind, weil Sie offenbar unfähig sind, zu handeln, weiterzukommen und etwas zu verändern?

Damit sind Sie nicht allein. An irgendeinem Punkt sabotieren wir alle unsere eigene Großartigkeit und hindern uns daran, Dinge zu tun, zu denen wir fähig wären (und das wissen wir auch). Wir stellen uns immer wieder ein Bein und verhindern, dass wir unser wahres Potenzial verwirklichen. Warum ist das so?

In diesem Kapitel werden wir den Geheimnissen auf den Grund gehen, wie Sie Ihren Zielen treu bleiben und sie realisieren können. Zuerst sollen Sie Verständnis für sich selbst haben und das anerkennen, was Sie tun. Danach gibt es eine Reihe positiver Schritte, die Sie tun können, um weiterzukommen. Ich möchte Sie dabei unterstützen, der Reihe nach alle Hindernisse, die den Prozess Ihrer Veränderung unterbrechen können, anzugehen und zu überwinden.

Wenn Sie dieses Kapitel abgeschlossen haben:

- ☆ **haben Sie alle wichtigen Hindernisse erkannt;**
- ☆ **werden Sie allen konkreten Blockaden oder Herausforderungen ins Auge sehen;**
- ☆ **haben Sie angefangen, Ihre einengenden Überzeugungen loszulassen;**
- ☆ **werden Sie sich des „positiven Beweises“ in Ihrem Leben bewusster sein;**
- ☆ **werden Sie sich an Erfolgsstrategien erinnern, die sich für Sie in der Vergangenheit bewährt haben, und werden sie bei heutigen Herausforderungen einsetzen;**
- ☆ **werden Sie all Ihre „Lücken“ schließen, indem Sie etwas dafür tun, um neue Fähigkeiten zu entwickeln und neue Fertigkeiten zu erlernen.**

Schneller Transformations-Test

Beantworten Sie die folgenden Fragen, indem Sie das entsprechende Kästchen ankreuzen und die Punkte wie folgt auswerten: 2 Punkte = ja/zutreffend, 1 Punkt = manchmal zutreffend, 0 Punkte = nein/unzutreffend

	ja	manchmal	nein
1. Ich weiß, was mir wichtig ist, und weiß genau, wo ich im Leben hin will	❏	❏	❏
2. Ich verstehe genau, welche Hindernisse mich zurückhalten.	❏	❏	❏
3. Ich bin mir aller einschränkenden Überzeugungen bewusst, die mich zurückhalten, und tue etwas, um sie aus dem Weg zu räumen.	❏	❏	❏
4. Ich habe mir ein paar bestärkende Überzeugungen angeeignet, die ich mir regelmäßig in Erinnerung rufe, und so komme ich weiter.	❏	❏	❏
5. Ich halte intensiv Ausschau nach positiven Dingen in meinem Leben, rufe sie mir oft ins Gedächtnis und baue auf ihnen auf.	❏	❏	❏
6. Ich weiß, welche Erfolgsstrategien bei mir funktionieren, und setze sie ein, um mir das Leben leichter zu machen.	❏	❏	❏
7. Ich empfinde inneren Frieden und Ruhe.	❏	❏	❏
8. Ich habe keine Angst vor der Zukunft, mache mir auch keine Sorgen, sondern bin offen für die Erfahrungen, die sie mir bringen wird.	❏	❏	❏
9. Ich erkenne an, dass das Leben eine Reise ist und ich beständig neue Fertigkeiten erlerne und meine Fähigkeiten weiterentwickle.	❏	❏	❏
10. Ich habe keine Angst, um Hilfe und Unterstützung zu bitten, wenn ich es brauche.	❏	❏	❏

☆ ***Die wahre Entdeckungsreise besteht nicht darin, neue Landschaften zu finden, sondern darin, mit neuen Augen zu sehen.*** ☆

Marcel Proust

1 Ernst zu nehmende Hindernisse

Blättern Sie zurück zu Kapitel zwei, mit dessen Hilfe Sie Ihre Visionen und Ziele geklärt haben. Es kann gut sein, dass es ein paar Hindernisse gibt, die den Weg zwischen Ihrem derzeitigen Standort und dem Ort versperren, an den Sie kommen möchten. Wenn Sie sich diese Hindernisse noch bewusster machen, werden Sie Wege finden, um sie zu überwinden.

Es gibt innere oder äußere Hindernisse. Innere Hindernisse sind Gedanken, Gefühle und Verhaltensweisen, die Sie davon abhalten, Ihr volles Potenzial auszuschöpfen. Äußere Hindernisse sind Ereignisse in Ihrer Umgebung, die Einfluss auf Ihr Leben haben. Lesen Sie sich die folgenden Bedrohungen durch, und kreuzen Sie die an, die Sie vermutlich beeinflussen oder die Ihren Erfolg blockieren könnten.

Innere Hindernisse	**Äußere Hindernisse**
Negative Angewohnheiten/ Einstellungen	Geld
	Verlust des Arbeitsplatzes
Verzögerungstaktik	Scheidung
Angst	Rezession
Fehlendes Selbstvertrauen	Alternde Eltern
Perfektionismus	Gestörtes Familienleben
Misserfolg/Scheitern	Inflation
Stress	Fernsehen und Medien
Schlechte Zeitorganisation	Altwerden

Einsamkeit
Widerstand gegen Veränderungen
Einschränkende Überzeugungen
Angst vor Erfolg
Depressionen
Hoffnungslosigkeit
Süchte
Politische Veränderung
Rassismus
Sexismus

2 Persönliche Hindernisse

Einige Hindernisse im Leben sind nicht real, sondern eingebildet. Der erste Schritt, um unsere Ziele zu erreichen, ist, zu verstehen, was genau uns davon abhält, sie zu erreichen! Um Ihren persönlichen Zielen näher zu kommen, schreiben Sie bitte jedes Ziel auf und beantworten Sie dann die folgenden Fragen.

☆ **Welche Blockaden oder Herausforderungen könnten Sie davon abhalten, Ihre persönlichen Ziele zu erreichen?**

☆ **Was werden Sie tun, um das jeweilige Hindernis oder die Blockade zu überwinden? Müssen Sie dazu neue Fertigkeiten entwickeln oder muss Ihnen dabei jemand helfen?**

Schnell-Tipp

Handeln Sie so, als gehöre der Erfolg bereits Ihnen

Ein Schnell-Tipp, wie Sie rasch über Hindernisse hinwegkommen: Strecken Sie Ihr Kinn hoch, stellen Sie sich aufrecht hin, die Schultern nach hinten, und tun Sie so, als hätten Sie das Gewünschte *bereits* erreicht. Sie dürfen dabei *nicht* nach unten sehen und sich von Selbstzweifeln überwältigen lassen. Auch wenn Sie sich im Moment nicht sehr zuversichtlich fühlen, bringt es Sie weiter, wenn Sie so tun, als hätten Sie Ihre Ziele bereits erreicht. Sie werden überrascht sein, wie schnell Ihr Selbstvertrauen Sie einholt und Ihre Hindernisse verschwinden!

3 Berufliche Hindernisse

Und nun betrachten Sie bitte Ihr Berufsleben.

☆ **Welche Blockaden oder Herausforderungen könnten Sie davon abhalten, Ihre beruflichen Ziele zu erreichen?**

☆ **Was werden Sie tun, um das jeweilige Hindernis oder die Blockade zu überwinden? Müssen Sie dazu neue Fertigkeiten entwickeln oder muss Ihnen jemand dabei helfen?**

4 Einschränkende Überzeugungen, die Sie zurückhalten

Wir wären keine Menschen, wenn wir nicht Überzeugungen hätten. Viele sind seit frühester Jugend in uns verankert und werden für uns Realität, ohne dass wir es überhaupt bemerken. Sehr häufig sind Überzeugungen wie „Das Leben ist ein Kampf" und „Man muss hart arbeiten, um Geld zu verdienen".

Wenn es Ihnen schwer fällt, die gewünschten Fortschritte zu machen, kann es gut sein, dass Ihre Überzeugungen Sie bremsen. Zum Beispiel negative Sätze, die Sie sich im Stillen immer wieder vorsagen. Als Lifecoach bemerke ich bei meinen Klienten oft eine ganze Reihe einschränkender Überzeugungen wie „Ich bin nicht gut genug", „So etwas passiert mir nie", „Ich bin zu klein/dick/dumm, um Erfolg zu haben", „Ich habe nicht die richtigen Fähigkeiten für diese Rolle", „Mein Chef weiß es am besten" usw.

Wenn Sie Ihr Leben verändern wollen, müssen Sie sich zuerst bewusst machen, welche einschränkenden Überzeugungen Sie hegen. Die zweite Phase besteht dann darin, zu klären, welche „Beweise" diesen Überzeugungen zu Grunde liegen. Im nächsten Schritt geht es darum, einschränkende Überzeugungen in bestärkende Überzeugungen zu verwandeln. In Phase vier suchen Sie nach deren Beweisen, die die bestärkenden Überzeugungen stützen. Im letzten Schritt integrieren Sie die bestärkenden Überzeugungen in Ihr Alltagsleben.

☆ **Welche einschränkenden Überzeugungen haben Sie?**

☆ **Welche hat Ihrer Meinung nach den größten Einfluss auf Sie?**

☆ **Warum halten Sie an dieser Überzeugung fest? Wie wollen Sie beweisen, dass sie wahr ist?**

- ☆ **Welchen Beweis haben Sie dafür, dass diese Überzeugung nicht *unbedingt* wahr ist?**

5 Bestärkende Überzeugungen, die Sie weiterbringen

Sie haben nun einen Blick auf Ihre derzeitigen Überzeugungen geworfen:

- ☆ **Was wäre eine positivere, bestärkende Überzeugung, die die alte ersetzen könnte?**
- ☆ **Welchen Beweis haben Sie, um Ihre neue bestärkende Überzeugung zu stützen?**
- ☆ **Was sind Sie bereit, anders zu machen, um diese neue bestärkende Überzeugung in Ihren Veränderungsprozess einzubinden?**
- ☆ **Was muss geschehen, damit Sie das Gefühl behalten, die Dinge im Griff zu haben, und fähig sind, alle Blockaden oder einschränkenden Überzeugungen zu überwinden?**

6 Erfolgsstrategien, die bei Ihnen funktionieren

Denken Sie zurück an eine Zeit, in der Sie erfolgreich waren und die Hindernisse auf Ihrem Weg effektiv überwunden haben.

- ☆ **Schreiben Sie drei wichtige Dinge auf, die Sie damals taten und die Ihnen geholfen haben. Können Sie sie auf Ihre derzeitige Situation anwenden? Welches sind Ihre nächsten Schritte, um jedes der Hindernisse zu überwinden?**

7 Nützliche Werkzeuge

☆ **Denken Sie noch einmal an Kapitel drei zurück. Dort haben Sie Ressourcen aufgelistet, die Sie unterstützen könnten. Sind einige davon relevant, um Ihre Hindernisse zu überwinden? Wenn nicht, dann setzen Sie sich hin und erstellen Sie eine Liste mit allen Ressourcen, die Ihnen genau jetzt helfen würden – etwa ein Handy, ein bestimmtes Buch oder ein sinnvolles Ablagesystem.**

8 Neue Fertigkeiten entwickeln

Wenn Ihnen bestimmte Übungen helfen würden, derzeit bestehende Hindernisse zu überwinden – im persönlichen wie beruflichen Bereich –, dann nehmen Sie sich etwas Zeit und listen Sie auf, welche zusätzliche Ausbildung oder welche Fertigkeiten Sie benötigen. Werfen Sie dann einen Blick ins Internet oder gehen Sie in die Bücherei, und suchen Sie einen entsprechenden Kurs. Ob es also darum geht, Buchhaltung oder Autofahren zu lernen oder einen Yogakurs zu besuchen, um Ihren Stress abzubauen – machen Sie sich kundig!

9 Andere dazu bringen, Ihnen zu helfen

In Kapitel drei habe ich darauf hingewiesen, wie wichtig es ist, dass Sie sich mit den richtigen Menschen umgeben, die Sie unterstützen und denen Sie Rechenschaft über Ihr Handeln ablegen. Ich bin fest davon überzeugt, dass Sie bereits von der Hilfe solcher Menschen profitieren, oder? Zweifellos gibt es Zeiten in Ihrem Leben, da ist es sinnvoll, für sich allein zu bleiben und sich allein durchzubeißen. Aber ganz egal wie genügsam Sie sind, es gibt sicher auch zahlreiche Anlässe, wo die Hilfe anderer Ihr Leben deutlich bereichert.

Umgeben Sie sich mit Menschen, die Ihnen dabei helfen können, Ihr Leben auf die nächsthöhere Stufe zu heben. Sie brauchen ein „inneres" und ein „äußeres" Team. „Innere" Teammitglieder sind ein paar wichtige Menschen, zu denen Sie einen relativ engen Kontakt haben, die Sie regelmäßig sehen, mit denen Sie sich unterhalten und von denen Sie wissen, dass Sie treu zu Ihnen halten. Ihre „äußeren" Teammitglieder sind jene Personen, die sich mehr an den Rändern Ihres Lebens bewegen. Sie brauchen nicht unbedingt eine direkte Verbindung zu ihnen zu haben. Diese Menschen können Vorbilder sein, die Sie aus der Ferne bewundern, oder hilfreiche Kontakte, bei denen Sie sich immer mal wieder melden.

Können Sie die wichtigen, hilfreichen Personen in Ihrem Netzwerk erkennen? Machen Sie das Beste aus Ihren Beziehungen zu ihnen? Wie können sie Ihnen dabei helfen, Ihre Hindernisse in Angriff zu nehmen? Welches sind die drei wichtigsten Personen in Ihrer weiteren Umgebung, die Sie inspirieren und motivieren? Verbringen Sie genügend Zeit mit ihnen? Sie könnten Ihnen dabei helfen, Sie in Ihrem Bereich an die Spitze zu katapultieren!

☆ **Meine drei wichtigsten „Katapulte" sind: ________________**

☆ ***Ohne ständige persönliche Weiterentwicklung sind Sie jetzt alles, was Sie jemals sein werden, und die Hölle beginnt, wenn der Mensch, der Sie sind, dem Menschen begegnet, der Sie hätten sein können.*** ☆

Eli Cohen

8 Suchen Sie sich einen Schwerpunkt und erreichen Sie **mehr in weniger Zeit**

☆ Planen Sie voraus, klären Sie Ihre Prioritäten und bleiben Sie am Ball ☆

Übersicht

Zeit ist eines der kostbarsten Geschenke, die Sie jemandem machen können – Sie selbst eingeschlossen! Wir sind heutzutage alle so beschäftigt, dass die Fähigkeit, unsere Zeit bestmöglichst zu nutzen, entscheidend zu unserem Glück und Erfolg beiträgt.

Ein Eckstein bei der Veränderung Ihres Lebens ist, vorauszuplanen und sich auf Ihre Prioritäten zu konzentrieren. Es wird Ihnen schwer fallen, Ihre Ziele zu erreichen, wenn Sie mit Ihrer Zeit nicht effektiv umgehen. Mithilfe der Aufgaben in diesem Kapitel werden Sie lernen, am Ball zu bleiben und sich so zu organisieren, dass Sie in weniger Zeit mehr erreichen.

Zeitmanagement bedeutet nämlich, uns selbst zu managen. Wir können die Zeit nicht kontrollieren, aber wir können uns kontrollieren. Uns allen stehen jeden Tag 24 Stunden zur Verfügung – ich möchte, dass Sie aus Ihren 24 Stunden das Beste herausholen. Je effektiver Sie Ihre Zeit nutzen, desto schneller sehen Sie die Veränderungen in Ihrem Leben!

Ich möchte, dass Sie etwas Zeit „beiseite legen“, damit Sie zufriedener und weniger gestresst sind!

Wenn Sie dieses Kapitel abgeschlossen haben:

- ☆ **werden Sie sich die Zeit nehmen, zu planen, und haben ein effektives Zeitmanagementsystem ausgearbeitet;**
- ☆ **haben Sie Ihre Prioritäten geklärt und werden Ihre Zeit klug nutzen;**
- ☆ **haben Sie drei Prioritäten für die nächsten drei Monate festgelegt;**
- ☆ **haben Sie drei Prioritäten für den folgenden Monat bestimmt;**
- ☆ **werden Sie sich an jedem Tag Ihres Lebens die Kraft täglicher Konzentration zunutze machen;**

☆ **werden Sie Ihre Zeit nach Ihren Maßstäben einteilen, haben zeitraubende Dinge eliminiert und Reserven gebildet. Sie werden Ihre Leistung regelmäßig überprüfen und bewerten, sodass Sie in weniger Zeit konsequent mehr erreichen.**

Schneller Transformations-Test

Beantworten Sie die folgenden Fragen, indem Sie das entsprechende Kästchen ankreuzen. Werten Sie anschließend die Punkte wie folgt aus: 2 Punkte = ja/zutreffend, 1 Punkt = manchmal zutreffend, 0 Punkte = nein/unzutreffend

	ja	**manchmal**	**nein**
1. Ich habe genügend Zeit für die Dinge, die ich tun will.	❑	❑	❑
2. Ich habe eine realistische Vorstellung davon, wie ich meine Zeit verbringe und wie viel Zeit ich brauche, um bestimmte Aufgaben zu erledigen.	❑	❑	❑
3. Ich überprüfe immer wieder meine drei wichtigsten Prioritäten.	❑	❑	❑
4. Zu jeder Zeit ist mir klar, wofür ich meine Zeit am sinnvollsten investiere.	❑	❑	❑
5. Jeden Tag nehme ich mir Zeit zu planen.	❑	❑	❑
6. Ich halte mich an Termine und liefere immer pünktlich.	❑	❑	❑
7. Ich schiebe Dinge nur selten auf, sondern bleibe selbst immer im Fluss.	❑	❑	❑
8. Ich bin bereit, „Nein“ zu sagen, und mir ist klar, wann ich eine Aufgabe selbst erledigen muss oder ob ich sie delegieren kann.	❑	❑	❑
9. Ich erneuere und verbessere ständig etwas an meiner Arbeitsweise und den Dingen, die ich tue.	❑	❑	❑
10. Ich lebe nach meinem Tempo und achte meine persönlichen Energiezyklen.	❑	❑	❑

1 Klären Sie Ihre Prioritäten

Sicher werden die meisten von Ihnen mir zustimmen, dass wir unsere Wunschziele umso schneller erreichen, je mehr wir uns auf die Prioritäten in unserem Leben konzentrieren. Wenn Sie bereits den Lebens-Frühjahrsputz gemacht, viele der ablenkenden Hindernisse aus dem Weg geräumt haben und sich über Ihre Stärken und Werte besser im Klaren sind, dann sind Sie bereit, sich jetzt auf das wirklich Wichtige zu konzentrieren. Denken Sie daran: Sehr erfolgreiche Menschen sind sehr fokussiert. Sie erkennen ihre Prioritäten und Stärken und delegieren den Rest. Wenn Sie sich auf Ihre Prioritäten konzentrieren, werden Sie nicht mehr von all diesen unwichtigen, aber dringenden Aktivitäten abgelenkt, die im Alltag überhand nehmen können, wie Sie bei der Zeit-Übung bestimmt schon bemerkt haben! Lassen Sie Ihre Zeit für sich arbeiten, indem Sie sich auf die wichtigsten Prioritäten konzentrieren, damit Sie in weniger Zeit mehr erreichen können.

Investieren Sie Ihre Zeit weise: Die 80/20-Regel

Uns allen stehen täglich 24 Stunden zur Verfügung, aber manchmal kommt es uns so vor, als reiche diese Zeit nicht aus. Es ist eine Tatsache, dass es oft mehr zu tun gibt, als Sie in der zur Verfügung stehenden Zeit erledigen können. Also müssen Sie kluge Entscheidungen darüber treffen, wie Sie Ihre Zeit und Energie einteilen. Die richtigen Dinge zu tun, ist genauso wichtig, wie die Dinge richtig zu tun!

Widmen Sie sich einmal kurz der 80/20-Regel. Sie besagt, dass 20 Prozent all Ihrer Aktivitäten zu 80 Prozent der bedeutsamen Ergebnisse in Ihrem Leben führen. Denken Sie einen Moment darüber nach. Was sind Ihre 20 Prozent? Was ist die kleine Handvoll Aktivitäten, mit denen Sie wirklich wichtige Ergebnisse im Leben erzielen?

☆ **Welche drei Aktivitäten werden Ihr Leben am stärksten verändern und Sie Ihrer Vision näher bringen?**

Wenn Sie diese Übung abgeschlossen haben, betrachten Sie die obersten 20 Prozent wirklich als ihre „Gold"-Aktivitäten. Je mehr Zeit Sie mit der Arbeit an diesen Tätigkeiten verbringen, desto schneller werden Sie sehen, wie sich Ihr Leben ändert. Nutzen Sie jede sich bietende Gelegenheit, um in diese Tätigkeiten zu investieren. Versuchen Sie immer mal wieder, weitere Dinge zu tun, die Ihre „Gold"-Aktivitäten stärken. Denken Sie daran: Schieben Sie nichts auf, erledigen Sie diese Dinge jetzt, vergeuden Sie keine Zeit mit Nebensächlichkeiten.

Sorgen Sie dafür, Ihre „Gold"-Zeit damit zu verbringen, was Sie wirklich am besten können. Wenn Sie sich unsicher sind, blättern Sie zu Kapitel fünf zurück und vertiefen Sie sich noch einmal in Ihre Stärken und Qualitäten. Vergessen Sie nicht: Je mehr Zeit Sie damit verbringen, Ihre Stärken ins Spiel zu bringen, desto erfüllender wird sie sein.

☆ ***Fantasie ist der Drachen, den man am höchsten steigen lassen kann.*** ☆

Lauren Bacall

2 Behalten Sie die Macht der Drei im Auge

Bitte sorgen Sie dafür, dass Sie sich immer nur auf drei wichtige Aktivitäten konzentrieren, damit Sie ihnen so viel Zeit wie möglich widmen können. Das stellt für viele meiner Klienten eine enorme Herausforderung dar. Es ist sehr verlockend, sich mehr aufzuladen. Aber wenn es Ihnen ernst damit ist, Ihr Leben erfolgreich zu gestalten, ist ständige Konzentration oberstes Gebot. Das erfordert Selbstdisziplin und die Fähigkeit,

Nein zu sagen. Zu viele von uns rennen die ganze Zeit herum, reißen sich die Beine aus, rackern sich ab, lösen Probleme und löschen Brände. So soll es bei Ihnen nicht sein! Wenn Sie Ihre obersten Prioritäten aus den Augen verlieren, können Sie unmöglich effektiv sein.

☆ **Meine obersten drei Prioritäten für dieses Jahr sind:**

1.

2.

3.

3 Drei Prioritäten für drei Monate

Mag sein, dass Sie sich von dem Ausmaß dessen überfordert fühlen, was Sie für die Veränderung Ihres Lebens tun müssen. Werden Sie deshalb konkreter und machen Sie immer nur einen Schritt nach dem nächsten. Konzentrieren Sie sich auf das, was Sie in den nächsten drei Monaten tun möchten.

☆ **Meine obersten drei Prioritäten für die nächsten drei Monate sind:**

1.

2.

3.

Richten Sie Ihr Augenmerk nun auf das, was Sie im nächsten Monat erreichen möchten.

☆ **Meine obersten drei Prioritäten für den nächsten Monat sind:**

1.

2.

3.

Sie sollten Ihre allgemeinen Prioritäten wöchentlich und täglich überprüfen. Ich kann gar nicht oft genug darauf hinweisen, wie wichtig es ist, Ihre Prioritäten zu klären, im Auge zu behalten und zu überprüfen. Während Sie die folgenden Abschnitte bearbeiten, denken Sie über Ihre Antwort auf diese Fragen nach:

☆ **Wenn in diesem Jahr nichts anderes erledigt wird, welches Ziel würde mich glücklich machen?**

☆ **Wenn in den nächsten drei Monaten nichts außer XY erledigt wird, was wäre das?**

4 Tägliche Konzentration

Überlegen Sie, wie Sie Elemente von jedem Ihrer Ziele in Ihren Alltag einbauen können, so dass sie ein natürlicher Bestandteil Ihres Lebens werden. Notieren Sie diese Elemente in Ihr Inspirations-Heft, lesen Sie sie immer morgens und abends durch und denken Sie daran, dass sie sich durch die Wiederholung besser ins Unterbewusstsein einprägen und eher real werden.

☆ **Wenn ich heute nur drei Dinge erledige, was sollen diese Dinge sein?**

☆ **Nehmen Sie sich entweder am Beginn oder Ende jedes Tages 15 Minuten Zeit, um einen Plan für den folgenden Tag zu erstellen. Fragen Sie sich: „Was ist heute besonders wichtig?“ und achten Sie darauf, dass Sie dieser Sache dann auch den Vorrang geben.**

5 Sich zu viel aufbürden

Der Versuch, alles selbst zu machen, kann sehr zeitraubend sein. Sich die ganze Welt aufzuladen, mag ja ganz heldenhaft wirken, aber es ist sicher nicht in Ihrem Interesse! Werden Sie ein Meister im Delegieren! Sie haben schon viel Arbeit geleistet, indem Sie Ihre Stärken und Prioritäten definiert haben. Konzentrieren Sie sich auf diese, und delegieren Sie vom Rest möglichst viel.

Der Mensch neigt dazu, sich in falscher Sicherheit zu wiegen, indem er sich für den Einzigen hält, der eine bestimmte Aufgabe erledigen kann. Schnell widerstrebt es uns, Aufgaben an einen Assistenten abzugeben oder an jemand ganz anderen zu delegieren. Geben Sie sich zufrieden, selbst wenn eine Aufgabe nicht exakt nach Ihren Vorstellungen erledigt wurde – Hauptsache, sie wurde gut genug erledigt. Denken Sie daran: Sie müssen Ihre Stärken ins Spiel bringen. Wenn Sie Probleme damit haben, Arbeit abzugeben, dann überlegen Sie, andere für die Erledigung von Aufgaben zu bezahlen, die Sie nicht gern machen oder nicht gut beherrschen. Ob es darum geht, eine Reinigungsfrau fürs Putzen Ihrer Wohnung zu bezahlen, oder jemanden zusätzlich einzustellen, damit er ein paar Routinetätigkeiten erledigt – tun Sie es!

☆ **Schreiben Sie auf, welche wichtigsten zehn Aufgaben Sie wann und an wen delegieren können.**

Schnell-Tipp

Achten Sie Ihre persönlichen Energiezyklen

Sind Sie ein Morgen- oder ein Nachtmensch? Wann ist für Sie die beste Zeit, bestimmte Dinge zu erledigen? Fällt es Ihnen leichter, Telefonate morgens zu erledigen, oder eignen sich die Morgenstunden besser zum stillen Arbeiten, Schreiben und Denken, Planen und Entwickeln? Welches ist für Sie die beste Tageszeit, um Kontakte zu schließen? Wann ist für Sie die beste Tageszeit, um Aufgaben mit großer Konzentration zu erledigen?

Unsere persönlichen Energiezyklen schwanken. Wenn Sie Ihre kennen, können Sie Ihre Tage, Wochen und Monate dementsprechend planen. Sie stellen vielleicht fest, dass Ihr Energielevel an unterschiedlichen Tagen in der Woche schwankt. Möglicherweise ist Montag ein guter Tag für Verwaltungskram oder innere Konzentration, während Sie freitags am besten den Kontakt mit anderen suchen und umtriebig sind. Überlegen Sie, wo die verschiedenen Aufgaben am besten in Ihren Tagesablauf passen, und binden Sie sie in Ihren Alltag ein.

- ☆ **Welche Veränderungen werden Sie vornehmen, um Ihrem persönlichen Zeit- und Energiefluss Rechnung zu tragen?**
- ☆ **Wie können Sie Ihre Zeit genau in diesem Moment am besten nutzen?**

☆ ***Die größte Versuchung für den Menschen ist es, sich mit zu wenig zufrieden zu geben.*** ☆

Thomas Merton

6 Nehmen Sie sich Zeit zum Planen

Uns allen stehen 8760 Stunden im Jahr zur Verfügung, doch es liegt an uns, was wir damit anfangen. Ich ermutige Sie, sich ein gut durchdachtes Zeitmanagement-System zu schaffen, das auf Ihre Bedürfnisse und Haupt-Tätigkeiten zugeschnitten ist.

Je besser Sie Ihre Zeit organisieren, desto leichter wird es Ihnen fallen, Raum für Spontaneität zu schaffen. Es mag paradox klingen, aber Menschen, die ihre Zeit nicht planen und strukturieren, sind oft eingeschränkter und haben weniger Freizeit als ihre gut organisierten Mitmenschen!

Wenn Sie zu denjenigen gehören, die nur ungern einen Kalender verwenden, kann es gut sein, dass gerade Sie am meisten davon profitieren werden! Sobald Sie sich einmal angewöhnt haben, vorauszuplanen, wird Ihr Leben einfacher dahinfließen. Ich möchte, dass Sie sich regelmäßig Zeit nehmen, um Ihre Zukunft zu planen, und Ihren Fortschritt bei Ihren Zielen überwachen. Benutzen Sie Ihr Tagebuch oder Ihren Kalender, und halten Sie sich bestimmte Zeiten frei, in denen Sie Ihr Privat- und Berufsleben planen.

Jahresübersicht

Tragen Sie jedes Jahr einen Tag für „Nachdenken in eigener Sache“ ein, damit Sie sich jedes Jahr auf das konzentrieren, was Sie im folgenden Jahr erreichen wollen. Dafür bietet sich oft der Neujahrstag oder die Zeit um Ihren Geburtstag an, denn dann sind Sie wahrscheinlich eher bereit, Ihre Ziele fürs kommende Jahr genauer ins Auge zu fassen.

Planen Sie auch Ihre wichtigsten Aufgaben, Urlaube und besonderen Ereignisse, Familientreffen und regelmäßige Treffen, damit Sie sehen können, wie Ihr Jahr aussehen soll und welche wichtigen Resultate Sie zu einem ganz bestimmten Zeitpunkt erzielen wollen.

Drei-Monats-Übersicht

Es ist sinnvoll, alle drei Monate Ihre Fortschritte zu überwachen. Dafür sollten Sie drei Stunden am Stück einplanen.

7 Planen Sie in Zeitblöcken

Teilen Sie Ihre Haupt-Aktivitäten ein und halten Sie sich bestimmte Tage oder Zeiten unter der Woche frei, um sie zu erledigen. Den Tag in Blöcken zu planen und bestimmten Tätigkeiten konkrete Zeiträume zuzuordnen, hilft Ihnen dabei, den Fokus und den Überblick nicht zu verlieren. Seien Sie realistisch bei der Einschätzung, wie viel Zeit Dinge in Anspruch nehmen. Wenn die Zeit, die Sie für eine Tätigkeit angesetzt haben, vorbei ist, bringen Sie genügend Disziplin auf, um die nächste Aufgabe in Angriff zu nehmen. Auf diese Art werden Sie bei jeder Aufgabe sichtbare Fortschritte machen und sich nicht klein kriegen lassen! Wenn Sie ein visueller Mensch sind, können Sie auch einen Leuchtstift nehmen und die betreffenden Zeitblöcke in Ihrem Kalender farbig markieren.

Tatsache ist, dass es in Ihrem Alltag zu unvorhergesehenen Störungen kommen wird. Bis zu einem gewissen Grad haben Sie das nicht unter Kontrolle. Wenn Sie „Zeit für alle Fälle“ einplanen, hilft Ihnen das, die Kontrolle zu behalten. Ich möchte, dass Sie Raum für Unerwartetes schaffen. Sorgen Sie also dafür, dass Sie Zeit in Ihrem Tagesplan eintragen, um auf Unterbrechungen und ungeplante Ereignisse reagieren zu können. Gestehen Sie sich auch hin und wieder ein paar Stunden „Aufholzeit" zu, um Dinge aufzuarbeiten, die sich im Laufe der Zeit angehäuft haben. Vorausgesetzt, Sie gönnen sich diese Puffer in Ihrem Zeitplan, ist es gut möglich, dass Sie bald flexibler werden und mehr oder weniger alles in den Griff bekommen, was man Ihnen vor die Füße wirft!

8 Meister im Aufschieben

„Aufschieberitis" ist die Kunst, Dinge vor sich her zu schieben, und viele von uns beherrschen das besonders gut! Sind Sie ein Mensch, der sehr einfallsreich ist, wenn es darum geht, Ausreden zu erfinden? Falls Sie Dinge aufschieben und/oder sie bis zur letzten Minute liegen lassen, verschwenden Sie wahrscheinlich ziemlich viel Zeit und Mühe mit Gedanken an ebendiese Dinge. Das führt zu Stress und untergräbt Ihre Möglichkeiten, Ihr Leben in die Hand zu nehmen. Der einzige Weg, da herauszukommen, ist, sich einfach dranzusetzen und es zu tun.

Eine bewährte Methode, um der Aufschieberitis den Garaus zu machen: Finden Sie heraus, welches die unerfreulichste Arbeit auf Ihrer To-Do-Liste ist, und nehmen Sie diese als Erstes in Angriff. Das wird Sie auf den Erfolg einstimmen: Denn alles andere wird Ihnen wie ein Kinderspiel vorkommen, wenn Sie erst einmal die schlimmste Aufgabe erledigt haben! Eine andere Methode: Zerlegen Sie eine umfangreiche lästige Aufgabe in kleine und planen Sie konsequent etwa 15 Minuten pro Tag für ihre Erledigung ein. Dann haben Sie das gute Gefühl, mühelos Fortschritte zu machen!

☆ **Welche Aufgaben schieben Sie vor sich her? Schreiben Sie alle auf, greifen Sie die Schlimmste auf der Liste heraus und tun Sie's einfach!**

☆ **Mit welchen drei Dingen können Sie diese Woche aufhören, um nicht noch mehr Zeit zu verlieren?**

9 Legen Sie regelmäßig Pausen ein

Vergessen Sie nicht, Zeit für sich selbst einzuplanen, in der Sie einfach nur entspannen und Ihre Batterien wieder aufladen – ganz egal, wie beschäftigt Sie sind. Wenn Sie sich regelmäßig Zeit nehmen, um sich zurückzuziehen und aufzutanken, wird es Ihnen leichter fallen, auf hohem Niveau effizient und produktiv zu bleiben und dabei Ihre innere Ruhe zu bewahren. Legen Sie über den Tag verteilt regelmäßig Fünf-Minuten-Pausen ein, machen Sie eine Mittagspause oder nehmen Sie sich eine Auszeit, in der Sie nur still dasitzen, spazieren gehen, tief durchatmen und zur Ruhe kommen. Das erhöht Ihre Konzentration und Ihre Fähigkeit, in weniger Zeit mehr zu erreichen.

☆ ***Ein Traum ist nur ein Traum. Ein Ziel ist ein Traum mit einem Plan und einem Termin.*** ☆

Harvey Mackay

☆ ***Lassen Sie Geld für sich arbeiten, dann haben Sie den ergebensten Diener, den es gibt … Er arbeitet Tag und Nacht, bei schönem und bei schlechtem Wetter.*** ☆

P. T. Barnum

9 Bringen Sie Ihre Finanzen **auf Vordermann**

☆ ***Verstopfen Sie Kanäle, durch die Ihr Geld abfließt, und schaffen Sie sich solide finanzielle Grundlagen*** ☆

Übersicht

Ein ganz wesentlicher Bestandteil der Veränderung Ihres Lebens ist es, eine solide finanzielle Grundlage zu schaffen, von der aus Sie handeln können.

Mit einer geordneten finanziellen Situation ist es viel leichter, man selbst zu sein. Meistens fühlen Sie sich gesünder, führen ein stressfreieres Leben, sind entspannter und können sich auf die wichtigen Ziele in Ihrem Leben konzentrieren. Im Wesentlichen verhilft Geld Ihnen zu den Mitteln und der Energie, mit denen Sie Ihre Träume realisieren.

Als Ihr Coach möchte ich, dass Sie Ihre Finanzen so auf Vordermann bringen, dass sie Ihnen dienlich sind, Ihnen Energie schenken und Sie unterstützen. Ich möchte Ihnen das Gefühl geben, Ihr Geld und Ihre Ersparnisse im Griff zu haben. Und Sie sollen einen Sparplan entwickeln, der Ihnen das Gefühl gibt, dass Sie nicht nur die Verantwortung für heute, sondern auch für die Zukunft übernehmen.

Ihre finanzielle Situation sagt viel mehr über Sie aus als Ihr Geld. Ihre Finanzen sind oft ein Test dafür, wie hoch Ihr Selbstwertgefühl ist, und sie sagen auch etwas über Ihre Bereitschaft aus, in sich selbst als Person zu investieren. Wenn Sie ein erfüllendes Leben führen möchten, müssen Sie Ihre Finanzen unbedingt im Griff haben.

Wenn Sie dieses Kapitel abgeschlossen haben:

- ☆ **werden Sie Ihre finanzielle Situation im Griff haben, weil Sie Schulden getilgt und Ihre Ausgaben geplant haben;**
- ☆ **werden Sie alle Löcher, durch die Ihr Geld abfließt, gestopft haben;**
- ☆ **werden Sie für Ihre Zukunft sparen;**
- ☆ **haben Sie ein sinnvolles System finanzieller Unterstützung erarbeitet;**
- ☆ **werden Sie Ihre Überzeugungen und Blockaden in Bezug**

auf Geld und deren Wirkung auf Ihr Leben erkannt haben;

☆ **werden Sie darauf hinarbeiten, Ihre finanzielle Situation zu verbessern und sich dem Wohlstand zu öffnen.**

Schneller Transformations-Test

Beantworten Sie die folgenden Fragen, indem Sie das entsprechende Kästchen ankreuzen. Werten Sie anschließend die Punkte wie folgt aus: 2 Punkte = ja/zutreffend, 1 Punkt = manchmal zutreffend, 0 Punkte = nein/unzutreffend

	ja	manchmal	nein
1. Ich bin ganz ehrlich zu mir, was meine finanzielle Situation angeht.	❑	❑	❑
2. Ich weiß, wie viel ich ausgebe, und lebe von einem Wochenbudget, bei dem ich noch Geld sparen kann.	❑	❑	❑
3. Ich habe geliehenes Geld zurückgezahlt oder habe eine genaue Vorstellung davon, wie ich Schulden zurückzahlen werde.	❑	❑	❑
4. Derzeit spare ich mindestens zehn Prozent meines Einkommens.	❑	❑	❑
5. Ich verstehe meine Überzeugungen in Bezug auf Geld, und wenn mich eine davon einschränkt, tue ich etwas dagegen.	❑	❑	❑
6. Ich weiß, dass ich so viel verdiene, wie ich wert bin.	❑	❑	❑
7. Für das kommende Jahr habe ich einen klaren Finanzplan.	❑	❑	❑
8. Ich habe nie das Gefühl, dass Geld oder der Mangel an Geld mich bremst.	❑	❑	❑
9. Es gibt Menschen um mich herum, die mich bei meinen Finanzplänen unterstützen.	❑	❑	❑
10. Ich habe ein entspanntes Verhältnis zu Geld und bin gern bereit, mich dem Überfluss zu öffnen.	❑	❑	❑

☆1 Kümmern Sie sich um Ihre Finanzen

Ich möchte jetzt, dass Sie sich wirklich darum kümmern, Ihre Finanzen auf Vordermann zu bringen. Geldsorgen können Ihnen eine Menge Energie entziehen. Es ist praktisch unmöglich, Ihr Leben zu verändern, wenn finanzielle Unsicherheit und Geldsorgen Sie entmutigen. Je eher Sie sich mit diesen Themen befassen, desto besser!

Machen Sie sich ein Bild von Ihrer finanziellen Realität

Wie ehrlich sind Sie mit sich selbst, was Ihre finanzielle Situation betrifft? Ist Ihnen wirklich vollkommen klar, wie viel Sie ausgeben, wie viel Sie verdienen, wie viel Sie sparen? Haben Sie eine Strategie entwickelt, um finanzielle Sicherheit und Unabhängigkeit zu erlangen?

Es ist nicht überraschend, dass viele von uns Angst davor haben, die Wahrheit über ihre finanzielle Situation zu erfahren. Es ist durchaus üblich, dass sie nur ungefähr wissen, wie viel sie ausgeben und wo ihr Geld am Ende der Woche oder am Ende des Monats geblieben ist. Im Allgemeinen geben wir mindestens zehn Prozent mehr aus, als wir denken.

Ihre finanzielle Situation zu verbessern, ist nicht so schwierig, wie es vielleicht aussieht. Fangen Sie damit an, Ihr derzeitiges Einkommen und Ihre Ausgaben zu ermitteln. Sehen Sie sich an, wie viel Sie im letzten Jahr verdient haben, und errechnen Sie Ihr monatliches Durchschnittseinkommen. Schwankt Ihr Einkommen von Monat zu Monat oder ist es relativ gleich bleibend?

☆ **Mein derzeitiges durchschnittliches Einkommen pro Monat beträgt Euro ...**

Wenn Sie nicht genau wissen, wie viel Geld Sie monatlich ausgeben, dann nehmen Sie sich die Zeit, um es herauszufinden. Vielleicht ist es hilfreich, über Ihre Ausgaben einen Monat lang Buch zu führen. Achten Sie dabei sowohl auf monatlich anfallende Rechnungen als auch auf die kleinen täglichen Ausgaben. Rechnen Sie am Monatsende alles zusammen und sehen Sie, wie viel Sie tatsächlich ausgeben.

☆ **Ich gebe derzeit pro Monat durchschnittlich Euro ... aus.**

2 Tilgen Sie Schulden

Wenn Sie aus dem Geld-Teufelskreis ausbrechen wollen, müssen Sie als Erstes Ihre Schulden tilgen. Wenn Sie Schulden haben – Kreditkartenschulden, Darlehen, Überziehungskredite oder Anleihen –, übernehmen Sie die volle Verantwortung dafür und bemühen Sie sich, sie aus Ihrem Leben zu streichen. Vielleicht wollen Sie Ihre Schulden konsolidieren, Ihre Kreditkarten vernichten oder können es so einrichten, dass Sie auf zu tilgende Darlehen eine möglichst niedrige Zinsrate zahlen.

☆ **Manche Menschen schwören darauf, ihre Ausgaben dadurch in den Griff zu bekommen, dass sie ihre ganzen Kredit-, EC- und Kundenkarten vernichten und nur noch mit Bargeld zahlen. Falls diese Lösung für Sie in Frage kommt, dann bezahlen Sie doch in den nächsten drei Monaten nur noch mit Bargeld! Dann sehen Sie immer ganz genau, was Sie haben und wie viel Sie ausgeben. Betrachten Sie es als Herausforderung, am Wochenanfang eine bestimmte Geldsumme abzuheben und damit die Woche über auszukommen.**

Schnell-Tipp

Erkennen Sie die Fülle in Ihrem Leben

Viele Menschen bauen ihr Leben auf dem Prinzip der Knappheit oder des Mangels auf, in der Meinung, es sei niemals genug Geld da, um damit auszukommen. Während sie sich abrackern, um über die Runden zu kommen, wird das zu einer sich selbst erfüllenden Prophezeiung. Überfluss und Knappheit sind eine Frage der Wahrnehmung. Sobald Sie Ihre Wahrnehmung verändern, werden Gefühle und Handlungen nachziehen.

Ich möchte, dass Sie von einem Ort der Fülle ausgehen. Beginnen Sie damit, wahrzunehmen, wie viel Überfluss es in Ihrem Leben bereits gibt. In der westlichen Welt leben wir in einem Schlaraffenland. Unser Zuhause ist voller Luxusgüter, Kleidung, Möbel und Geräte, die wir zum Teil nur selten benutzen. Wir sind umgeben von Freunden und die meisten von uns führen mehr oder weniger ein Leben in Wohlstand. Leiden Sie an der Vorstellung, arm zu sein? Hören Sie sich sagen „Das kann ich mir nicht leisten“ oder „Das ist zu teuer“? Vorstellungen von Knappheit und Mangel entstehen durch soziale Konditionierung.

☆ **Wo gibt es in Ihrem Leben Bereiche, in denen Mangel oder Knappheit herrscht? Was sind Sie bereit, dagegen zu unternehmen?**

Legen Sie alle Armutsgewohnheiten ab. Geben Sie Ihr Kleingeld bedürftigen Menschen und öffnen Sie sich dafür, im Gegenzug positive Energie zu erhalten.

Überfluss ist weitgehend ein Seinszustand und ein Maßstab dafür, wie viel Vertrauen Sie zum Leben haben. Ich möchte, dass Sie ein Gefühl von Vertrauen und Reichtum in Ihrem Leben pflegen. Erinnern Sie sich an eine frühere Zeit, als Sie das Gefühl hatten, reich zu sein. Erinnern Sie sich, wie Sie sich dabei fühlten, und halten Sie jetzt an diesen Gefühlen fest. Ich möchte, dass Sie Überfluss ausstrahlen, denn dann werden die anderen Ihnen dies widerspiegeln.

3 Verstopfen Sie Geld-Löcher

Sie haben sich jetzt Ihr Einkommen und Ihre Ausgaben angesehen und geklärt, wo Ihr Geld hingeht. Überlegen Sie sich jetzt bitte, wie Sie Ihre monatlichen Ausgaben um zehn bis 30 Prozent verringern können. Nicht Ihr Verdienst bestimmt über Ihre finanzielle Situation, sondern wie viel Geld Sie behalten!
Wie könnten Sie Ihre Ausgaben reduzieren? Bitten Sie doch einen Freund, die Aufzeichnungen über Ihre Ausgaben durchzulesen und einen Vorschlag zu machen, wo Sie weniger ausgeben könnten. Wenn Sie diese Übung beide gleichzeitig machen, können Sie sich gegenseitig helfen, weniger auszugeben. Wie wäre es mit einer Vereinbarung, bei der Sie sich gegenseitig verpflichten, Ihre Ausgaben um 25 Prozent zu kürzen?

☆ **Notieren Sie mindestens fünf Dinge, die Sie ab sofort tun können, um Ihre Ausgaben zu verringern.**

Viele von uns geben Geld für Dinge aus, die sie eigentlich nicht brauchen. Denken Sie nur an das Geld, das für Süßigkeiten, Zeitschriften oder andere Dinge, die Sie nicht benutzen, rausgeht. Überlegen Sie auch, ob Sie zu viele Versicherungen oder Hypotheken zahlen. Vielleicht können Sie auch Ihre Steuerzahlungen senken.

☆ **Finden Sie zehn nutzlose Dinge, für die Sie Geld ausgeben.**

Machen Sie sich einen Plan Ihrer Ausgaben. Seien Sie dabei realistisch. Schreiben Sie auf, wie viel Sie derzeit ausgeben, und stellen Sie dem gegenüber, wie viel Sie künftig ausgeben wollen, und sehen Sie sich den Unterschied an. Geben Sie nicht mehr Geld aus, als Sie haben. Führen Sie sechs Monate lang Buch, ziehen Sie dann Bilanz und entscheiden Sie, ob Sie Fortschritte gemacht haben.

4 Fangen Sie an, für die Zukunft zu sparen

Finanziell erfolgreiche Menschen sparen meistens mindestens 20 Prozent ihres Einkommens. Wie sehen Ihre Sparpläne aus? Haben Sie sich in letzter Zeit Ihre Rentenansprüche angesehen? Wie sieht Ihr Investment-Portfolio aus?

Sofort einen umfangreichen Sparplan aufzustellen ist für Sie im Moment vielleicht zu radikal, aber tun Sie jetzt *irgendetwas,* selbst wenn es nur ein kleiner Schritt ist. Wenn Sie ab sofort wöchentlich zusätzlich sieben Euro sparen und dies allmählich auf zehn Prozent Ihres Einkommens steigern, ist das ein Schritt zum Erfolg. Tun Sie es – Sie werden froh darüber sein.

☆ **Was werden Sie tun, um mit dem Sparen anzufangen? Dazu müssen Sie unter Umständen Ihren Einfallsreichtum spielen**

lassen oder sich mit einem Freund beraten, aber wenn Sie Ihren Lebensstil vereinfachen und gleichzeitig anfangen zu sparen, dann verschaffen Sie sich Freiheit für die Zukunft. Sie machen sich so auf den Weg zu finanzieller Sicherheit und Unabhängigkeit. Ob Sie 15 Euro, 150 Euro oder 300 Euro wöchentlich sparen – all das ist eine Investition in Ihre Zukunft. Wenn Sie die Ausgaben für einen Monat auf dem Girokonto und die Ausgaben für drei Monate auf einem Sparkonto deponieren, haben Sie sich schon eine gute finanzielle Grundlage geschaffen.

5 Entwickeln Sie ein finanzielles Unterstützungssystem

Wenn Sie ab jetzt Ihre Ausgaben reduzieren, Ihre Schulden verringern und Sparpläne aufstellen, werden Sie sicher feststellen, dass Sie mit einem Freund zusammenarbeiten müssen, der sich mit Geld gut auskennt oder Finanzberater ist.

Wenn Sie sich wirklich auf finanziellen Erfolg einstimmen wollen, sollten Sie sich überlegen, ob Sie nicht in eine Finanzsoftware für Ihren Computer investieren oder Ihre Bank wechseln sollten. Vielleicht wäre es auch sinnvoll, einen Buchhalter, Steuerberater oder Finanzplaner zu bemühen. Sollte dies notwendig sein, müssen Sie zuerst einmal jemanden finden, dem Sie vertrauen können.

6 Emotionale Geldblockaden

Ihre Beziehung zu Geld sagt mitunter eine Menge über Sie aus. Wenn Sie Ihr Geld beispielsweise nicht im Griff haben, kann es gut sein, dass Sie einen Teil Ihres emotionalen Lebens genauso wenig im Griff haben. Wenn Sie knauserig und geizig mit Ihrem Geld sind, kann es durchaus sein, dass Sie Angst vor Liebe und Nähe haben. Wenn Sie ständig Angst haben, das Geld könnte Ihnen ausgehen, haben Sie vielleicht Verlassensängste. Wenn Sie nie genug Geld haben, ist der Grund dafür vielleicht, dass Sie glauben, Sie seien es nicht wert. Wenn Sie oft sagen „ich bin pleite", fühlen Sie sich dann in Wahrheit aus irgendeinem Grund innerlich zerbrochen oder verletzt?

Wenn Sie sich immer Geld von anderen borgen, dann meinen Sie vielleicht, emotional mehr verdient zu haben, als Sie bekommen. Sie sollten sich fragen, ob sich diese emotionalen Bedürfnisse auch anders befriedigen lassen. Wenn Sie den Eindruck haben, das Geld zerrinnt Ihnen zwischen den Fingern und es reicht nie, dann vielleicht deshalb, weil Sie meinen, Wohlstand nicht verdient zu haben? Wenn Sie aus einer finanziellen Notlage gerettet werden müssen, ist dies vielleicht ein Hinweis darauf, dass Sie sich bedürftig, einsam oder ungeliebt fühlen.

☆ **Nehmen Sie sich zehn Minuten Zeit, um herauszufinden, welches Ihre einschneidendsten emotionalen Blockaden in Bezug auf Geld sind.**

7 Was hält Sie finanziell zurück?

Bevor Sie sich finanzielle Ziele für die Zukunft setzen, sollten Sie alles betrachten, was Sie finanziell zurückhält. Vielleicht haben Sie sich einen schlechten Umgang mit Geld angewöhnt, halten Ihre Finanzen für unwichtig, hegen einschränkende Überzeugungen hinsichtlich Ihrer Fähigkeit, Geld zu verdienen, oder haben nicht genug Selbstvertrauen, um Ihre Finanzen effektiv zu organisieren. Wenn Sie sich mit diesen Themen nicht befassen, wird es Ihnen sehr schwer fallen, künftig für finanzielle Sicherheit zu sorgen.

☆ **Welche Fehler machen Sie mit Geld anscheinend immer wieder?**

☆ **Was haben Sie über Ihren Umgang mit Geld aus der Vergangenheit gelernt?**

8 Stellen Sie neue finanzielle Überzeugungen auf

Als Ihr Coach fordere ich Sie auf, ganz ehrlich mit sich zu sein. Wenn es etwas gibt, das Sie emotional blockiert, könnte es sein, dass sich dies in Ihrer Geldsituation manifestiert. Letztendlich ist Geld eine Spiegelung des generellen Energieflusses in Ihrem Leben. Falls es irgendwo Blockaden gibt, dann wird Ihr Leben umso leichter fließen, je mehr Sie daran arbeiten, diese zu beseitigen.

☆ **Welche neuen finanziellen Wahrheiten möchten Sie für sich aufstellen?**

9 Fünf Dinge, die Sie tun können, um Ihre Finanzen zu verbessern

Als Ihr Coach möchte ich Ihnen auf dem Weg zu finanzieller Freiheit helfen, damit Sie regelmäßig genug verdienen, um Ihre eigenen Bedürfnisse öfter zu befriedigen. Wenn Sie Ihr Einkommen erhöhen wollen, dann denken Sie doch einfach über Ihre fünf bewährtesten Wege nach, mehr Geld zu verdienen! Müssen Sie Ihren Geschäfts- und Karriereplan auf den neuesten Stand bringen oder etwas daran verbessern? Müssen Sie sich besser schulen oder neue Fertigkeiten erlernen? Ist es an der Zeit, in Ihrer derzeitigen Arbeit um eine Gehaltserhöhung zu bitten? Wechseln Sie nötigenfalls die Stelle. Bevor Sie kündigen, sollten Sie aber einen Plan entwickeln, um eine besser bezahlte Arbeit an Land zu ziehen.

☆ **Schreiben Sie auf, was Sie tun könnten, um Ihre finanzielle Situation zu verbessern. Dies sollten Aktivitäten sein, für die Sie sich selbst achten und bewundern würden.**

Fangen Sie jetzt damit an!

☆ ***Es gibt kein Ende. Es gibt keinen Anfang. Es gibt nur die unendliche Leidenschaft fürs Leben.*** ☆

Federico Fellini

10 Handeln Sie, behalten Sie Ihren Schwung **und bleiben Sie im Fluss**

☆ *Überprüfen Sie regelmäßig Ihre Ziele und feiern Sie Ihre Erfolge* ☆

Übersicht

Sie sind beim letzten Kapitel angelangt: Herzlichen Glückwunsch! Inzwischen läuft die Veränderung Ihres Lebens schon auf vollen Touren – weiter so! Ich hoffe, Sie konnten schon ein paar sagenhafte Gewinne verbuchen und waren überrascht, welche Resultate Sie bereits erzielt haben. Wir können wirklich so viel mehr erreichen, als wir uns im Augenblick vorstellen können. Ihr Pocket-Lifecoach nähert sich dem Ende, und so möchte ich, dass Sie alle Zweifel fallen lassen und sich Ihrem unbegrenzten Potenzial öffnen.

Ich weiß, dass gewöhnliche Menschen Ungewöhnliches tun können. Immer wieder sehe ich, wie meine Klienten sich mit dem, was sie tun, selbst überraschen. Sie können alles erreichen, woran Sie glauben, wenn Sie sich das wirklich in den Kopf gesetzt haben. Dieses abschließende Kapitel soll Sie inspirieren, sich zu öffnen, damit Sie die Magie in Ihrem Leben einfangen können. Wenn wir Schlussbilanz ziehen, werden Sie dazu angeregt, Ihre Bequemzonen zu verlassen, sich die Zufälle des Lebens zunutze zu machen, Ihre großen und kleinen Erfolge zu feiern und richtig Schwung zu bekommen, um Ihr Leben immer wieder zu verändern!

Wenn Sie diesen Schritt getan haben:

- ☆ **werden Sie sich täglich eine Vision schaffen;**
- ☆ **werden Sie Ihren Erfolg mit Symbolen und Affirmationen verankern;**
- ☆ **werden Sie Ihren eigenen Rhythmus finden und Höhen und Tiefen akzeptieren;**
- ☆ **werden Sie den Mut haben, Risiken einzugehen;**
- ☆ **werden Sie sich der bedeutsamen Zufälle in Ihrem Leben eher bewusst sein;**
- ☆ **werden Sie in jedem Moment aufmerksam sein, Gelegenheiten erkennen und in Schwung bleiben.**

Schneller Transformations-Test

Beantworten Sie die folgenden Fragen, indem Sie das entsprechende Kästchen ankreuzen. Werten Sie anschließend die Punkte wie folgt aus: 2 Punkte = ja/zutreffend, 1 Punkt = manchmal zutreffend, 0 Punkte = nein/unzutreffend

	ja	manchmal	nein
1. Ich bin optimistisch, was mich und meine Zukunft betrifft.	❑	❑	❑
2. Ich bin offen, bin mir der Dinge um mich herum völlig bewusst und reagiere auf sie.	❑	❑	❑
3. Ich werde selten müde oder krank und habe eine gute Verbindung zu meiner Energiequelle.	❑	❑	❑
4. Ich lebe mein Leben nach meinen Vorstellungen und bin vollkommen zufrieden.	❑	❑	❑
5. Ich bin offen für Zufälle und Veränderungen im Leben und für die bemerkenswerten Menschen, die in mein Leben treten.	❑	❑	❑
6. Ich bin konsequent. Die Menschen verstehen mich und wissen, woran sie mit mir sind.	❑	❑	❑
7. Ich führe ein hervorragendes Leben und gebe bei allem stets mein Bestes.	❑	❑	❑
8. Ich bin bereit, Risiken einzugehen und darauf zu vertrauen, dass alles so kommt, wie es kommen muss.	❑	❑	❑
9. Ich stehe mit beiden Beinen im Leben – es macht Spaß und ist erfüllend und ich bin dabei, mir eine wunderbare Zukunft zu schaffen.	❑	❑	❑
10 Wenn ich heute sterben würde, würde ich nur Weniges bereuen.	❑	❑	❑

☆ ***Die nächste Botschaft, die Sie brauchen, ist immer genau da, wo Sie gerade sind.*** ☆

Ram Dass

1 Tun Sie täglich etwas

Als Ihr Coach möchte ich, dass Sie sich den Schwung erhalten und Ihr neu erworbenes Wissen ständig anwenden. Bleiben Sie dabei, ständig in kleinen Schritten nach vorn zu gehen und täglich etwas für die Zukunft zu tun. Das verleiht Ihnen einen natürlichen Schwung, der Sie weiterbringt. Behalten Sie Ihre Vision, Ihre Absichten und Ziele immer im Blick: Halten Sie sie schriftlich in Ihrem Kalender und Ihrem Inspirations-Heft fest, erkennen Sie sie mit Worten in Form von Affirmationen an, und integrieren Sie sie in Ihren Alltag. Erweitern Sie Ihr Wissen, indem Sie Bücher zu verwandten Themen lesen, Kurse oder Seminare besuchen und mehr über Dinge erfahren, die Sie interessieren.

2 Erwecken Sie Ihre Vision täglich zum Leben

Wenn Sie sich regelmäßig mit Ihren Zielen befassen, beschleunigt das Ihren Prozess der Veränderung. Werfen Sie regelmäßig einen Blick auf Ihre Schicksalskarte, und rufen Sie sich die großen Vorteile Ihrer Ziele immer wieder ins Gedächtnis. Denken Sie daran, sich realistische und kluge Ziele zu setzen, denn: was Sie mit Verstand erdenken, wird Ihr Leben/Schicksal lenken. Jedes Ziel, das Ihre Fantasie wirklich beflügelt und Ihr Herz mit Freude erfüllt, ist erreichbar. (Sorgen Sie dafür,

Ihre Aufmerksamkeit auf das zu richten, was Sie im Leben haben wollen, und nicht auf das, was Sie nicht haben wollen, denn sonst passiert genau das!)

3 Denken Sie sich Affirmationen aus

Nutzen Sie bejahende Aussagen, um sich auf dem Weg zu Ihren Zielen zu bestärken. Diese Affirmationen sind positive, im Präsens formulierte Sätze über die Vorteile Ihres Ziels und darüber, wie Sie sich fühlen werden, wenn Sie sie erreicht haben. Ihre Aussagen können kurz sein, sollten aber glaubhaft und spannend klingen. Schreiben Sie sie auf, lesen Sie sie laut vor oder nehmen Sie sie auf Kassette auf, damit Sie sie im Auto oder zu Hause anhören können. Wenn Sie sich Ihre bejahenden Sätze vor dem Schlafengehen laut vorsagen, werden sie während Sie schlafen in Ihr Unterbewusstsein einfließen und können Wirklichkeit werden.

4 Handeln Sie so, als wären Sie bereits am Ziel

Von dem Augenblick an, in dem Sie sich über Ihre Ziele im Klaren sind, handeln Sie bitte so, als seien sie bereits verwirklicht. Wenn Sie von Anfang an wirklich so tun, als hätte sich der Erfolg bereits eingestellt, werden Sie die gewünschten Resultate viel früher bemerken. Warten Sie nicht darauf, dass etwas passiert. Je häufiger Sie so handeln, als sei es schon geschehen, desto eher wird es Wirklichkeit.

Schnell-Tipp

„Machen Sie sich Ihre Angst zum Freund"

Wenn Sie anfangen zu handeln, heißt das Geheimnis: weitermachen. Wenn Sie glauben, sich festgefahren zu haben, dann fragen Sie sich, wovor Sie Angst haben. Statt sich aus Angst abzuwenden, lassen Sie Ihre „Schmetterlinge" im Bauch in Formation fliegen. Ein Kollege von mir sagte einmal: „Angst ist Aufregung ohne Sauerstoff." Überlegen Sie, was Sauerstoff für Sie bedeutet. Wie können Sie atmen, sich ernähren und sich Mut zusprechen, um sich über Ihre Komfortzonen auszudehnen? Gestatten Sie es sich, sich mit Ihrer „Angst" wohl zu fühlen, tun Sie etwas Kleines, um sich zu neuen Höhen zu recken, und vertrauen Sie darauf, dass Sie die nötige Unterstützung finden werden. Halten Sie sich an das Motto: „Spüre die Angst und tu's trotzdem" – also, versuchen Sie's!

☆ **Wovor haben Sie Angst und welchen kleinen Schritt können Sie heute machen, um der Angst zu begegnen und weiterzukommen, und sei es nur ein kleines Stückchen?**

5 Verankern Sie Ihren Erfolg

Sie können sich den Schwung bewahren, indem Sie sich ein Symbol suchen, das Sie täglich anschauen und das Sie an Ihre Transformation erinnert. Vielleicht suchen Sie sich ein Schmuckstück, einen hübschen Gegenstand oder ein Bild aus, das Sie stets daran erinnert, bei der Stange zu bleiben.

6 Akzeptieren Sie Höhen und Tiefen

Während Sie den natürlichen Schwung Ihres Lebens genießen, sollten Sie nicht vergessen, dass es Höhen und auch Tiefen gibt. Stimmen Sie sich auf Ihre innere Weisheit ein und wählen Sie Ihr Tempo so, dass Sie sich gut damit fühlen. Es kann gut sein, dass Sie manchmal schnell wachsen und sich weiterentwickeln und bei anderen Phasen langsamer. Lassen Sie sich Zeit, um das Gelernte aufzunehmen und zu verarbeiten, und hetzen Sie sich nicht. Denken Sie daran, Sie werden Ihre Ziele vermutlich durch einen Zyklus von Höhen und Tiefen erreichen.

Wir alle machen hin und wieder schwierige Phasen durch. Seien wir doch ehrlich – wir sind Menschen! Wenn Sie mal auf der Stelle treten, geben Sie nicht auf – das dauert nicht ewig. Manchmal machen wir gerade in unseren scheinbar inaktiven und „hässlichen" Phasen die wichtigsten Lernprozesse durch. Oft sieht es so aus, als passiere vor einem größeren Wachstumsschub gar nichts. Denken Sie an eine Raupe, aus der zuerst eine ziemlich hässliche, träge Puppe wird, bevor sie als wunderschöner Schmetterling ins Leben zurückkehrt. Finden Sie sich damit ab, dass wir alle hin und wieder durch eine „Verpuppungsphase" gehen müssen! Finden Sie heraus, wie Sie Ihr Leben genießen können, akzeptieren Sie alle Flauten, die Sie erleben, und bleiben Sie konzentriert auf das, was Sie sich wünschen.

7 Haben Sie Mut und gehen Sie Risiken ein

Es ist nicht ungewöhnlich, dass man Angst vor Veränderungen und dem Unbekannten hat. Wir sind auch nur Menschen, und es ist menschlich, dass uns manchmal die Nerven dazu fehlen. Wenn Sie in dieser Phase stecken, möchte ich, dass Sie Ihr „Mensch-Sein" annehmen. Akzeptieren Sie, dass es in Ordnung ist, nervös zu sein, gestatten Sie sich, sich mit Ihrem „Unbehagen" behaglich zu fühlen. Aber wachsen Sie dann über sich hinaus und machen Sie vertrauensvoll einen ganz winzigen Schritt auf die Veränderungen zu, die Sie umsetzen möchten.

Veränderungen können zu guten und schlechten Resultaten führen. Wenn Sie Ihr Leben wirklich verändern möchten, müssen Sie akzeptieren, dass sich manches nicht nach Wunsch entwickelt. Aber vergessen Sie nicht: Sie lernen aus allem, was Sie tun. Während des Coaching-Prozesses werden Sie sich zur Decke strecken, ein paar Fehler dabei machen und daraus lernen. Wenn Sie erst einmal akzeptieren, dass Ihnen ein Leben in Ungewissheit den Raum schenkt, die richtige Wahl zu treffen, dann wird das Leben um vieles leichter. Bitte seien Sie bereit, Fehler zu machen. Und wagen Sie den Schritt ins Unbekannte.

8 Achten Sie auf bedeutsame Zufälle in Ihrem Leben

Denken Sie an jemanden und kurz darauf läutet das Telefon und derjenige ist am anderen Ende der Leitung? Stellen Sie fest, dass Sie immer öfter zur richtigen Zeit am richtigen Ort sind? Es kommt in Ihrem Leben zu bedeutsamen Zufällen in Form von perfekt getimten Ereignissen, die scheinbar aus heiterem Himmel geschehen. Diese Ereignisse mögen Ihnen in dem Moment unbedeutend erscheinen, aber rückblickend sind es oft entscheidende Wendepunkte.

Lassen Sie die Zufälle für sich arbeiten

Zufällige Ereignisse können Ihnen sehr behilflich sein, im Leben vorwärts zu kommen. Lassen Sie sie für sich arbeiten. Und zwar indem Sie ganz genau darauf achten, was um Sie herum geschieht, und es sich bewusst machen. Je präsenter Sie im Augenblick werden, desto eher halten Sie nach Zufällen Ausschau und sie fallen Ihnen in Ihrem Leben auf. Achten Sie auf Menschen, denen Sie immer wieder begegnen. Was sagen sie zu Ihnen? Gibt es ein Thema, das immer wieder auftaucht? Lesen Sie immer wieder Artikel zum selben Thema? Was passiert Ihnen immer wieder? Gibt es irgendwelche wichtigen Botschaften für Sie?

Unterschätzen Sie nicht die Bedeutung von Zufällen. Fragen Sie sich, was sie Ihnen zeigen wollen. Sie könnten Sie schneller, als Sie dachten, vorwärts bringen und sind oft ein guter Hinweis darauf, dass Sie auf dem richtigen Weg sind. Wenn Sie sich Ihrer Intuition und inneren Weisheit mehr öffnen, werden Sie merken, dass es immer häufiger zu bedeutsamen Zufällen kommt und dass ihr Leben ganz automatisch in Bewegung kommt und auch bleibt.

☆ **Welche Zufälle hat es bei Ihnen in den letzten Wochen gegeben?**

☆ **Was haben Sie getan, um aus diesen Ereignissen das Beste zu machen? Haben Sie etwas Wichtiges versäumt?**

☆ **Schreiben Sie die Namen der drei Personen auf, die in Ihrem Leben anscheinend immer wieder auftauchen, und was Sie tun wollen, um den Grund dafür herauszufinden.**

9 Teilen Sie Ihre Erfolge mit anderen und feiern Sie

Wenn Sie Fortschritte machen, dann teilen Sie Ihre Erfolge mit Ihrem Hilfeteam und erkennen Sie an, welch wichtige Rolle es dabei gespielt hat, damit Sie im Leben weitergekommen sind. Es wäre schön, wenn Sie mich über jede Rückmeldung, alle Gedanken und Ergebnisse auf dem Laufenden halten würden. Ich würde gern etwas von Ihnen hören. Ihre Geschichten sind eine nie versiegende Quelle für Inspiration, Ideen und Energie!

☆ ***Mut ist sehr wichtig. Wie ein Muskel wächst er, wenn man ihn benutzt.*** ☆

Ruth Gordon

Feiern Sie!

Ich habe zu Beginn erwähnt, wie wichtig es ist, zu feiern, und ich werde es an dieser Stelle noch einmal sagen. Lernen Sie die Gewinne in Ihrem Leben schätzen, egal ob klein oder groß, denn dies bestätigt Sie und lässt Ihre Veränderungen bedeutungsvoller und erfüllender werden.

Kosten Sie Ihr Leben ganz aus, leben Sie gut, amüsieren Sie sich und fangen Sie in jedem Moment die Freude ein.

Herzlichen Glückwunsch, Sie haben diese Phase der Transformation Ihres Lebens abgeschlossen.

Ich wünsche Ihnen alles Gute für ein erfülltes Leben!

Carole Gaskell

PS: Wenn Sie mit Gedanken und Ideen zur Lebensveränderung in Kontakt bleiben wollen, können Sie meinen kostenlosen E-Mail-Newsletter (auf Englisch, A.d.Ü) abonnieren. Besuchen Sie einfach meine Website: www.lifecoaching-company.co.uk oder schicken Sie mir eine E-Mail unter info@lifecoaching-company.co.uk.

☆ ***In jedem von uns gibt es Orte, an denen wir nie waren und die wir nur finden, wenn wir die Grenzen ausreizen.*** ☆

Joyce Brothers

Stichwortverzeichnis